A TRANSCENDÊNCIA DO EGO

Dados Internacionais de Catalogação na Publicação (CIP)
(Câmara Brasileira do Livro, SP, Brasil)

Sartre, Jean-Paul, 1905-1980.
 A transcendência do Ego : esboço de uma descrição fenomenológica / Jean-Paul Sartre ; introdução e notas, Sylvie Le Bon ; tradução de João Batista Kreuch. 2. ed. – Petrópolis, RJ : Vozes, 2015. – (Coleção Pensamento Humano)

 Título original : La transcendance de l'Ego : esquisse d'une description phénoménologique.
 Bibliografia.

 10ª impressão, 2024.

 ISBN 978-85-326-4641-5

 1. Ego 2. Existencialismo 3. Fenomenologia 4. O Eu 5. Transcendência (Filosofia) I. Le Bon de Beauvoir, Sylvie. II. Título. III. Série.

13.08457 CDD-194

Índices para catálogo sistemático:
1. Filosofia francesa   194

Jean-Paul Sartre

A TRANSCENDÊNCIA DO EGO

Esboço de uma descrição fenomenológica

Introdução e notas
Sylvie Le Bon

Tradução de João Batista Kreuch

Petrópolis

© Librairie Philosophique J. Vrin, 1965, 2003
http://www.vrin.fr

Tradução do original em francês intitulado *La transcendance de l'Ego.*
Esquisse d'une description phénoménologique.
Introduction et notes par S. Le Bon.

Direitos de publicação em língua portuguesa:
2013, Editora Vozes Ltda.
Rua Frei Luís, 100
25689-900 Petrópolis, RJ
www.vozes.com.br
Brasil

Todos os direitos reservados. Nenhuma parte desta obra poderá ser
reproduzida ou transmitida por qualquer forma e/ou quaisquer meios
(eletrônico ou mecânico, incluindo fotocópia e gravação) ou arquivada em
qualquer sistema ou banco de dados sem permissão escrita da editora.

CONSELHO EDITORIAL	PRODUÇÃO EDITORIAL
Diretor	Aline L.R. de Barros
Volney J. Berkenbrock	Jailson Scota
	Marcelo Telles
Editores	Mirela de Oliveira
Aline dos Santos Carneiro	Natália França
Edrian Josué Pasini	Otaviano Cunha
Marilac Loraine Oleniki	Priscilla A.F. Alves
Welder Lancieri Marchini	Rafael de Oliveira
	Samuel Rezende
Conselheiros	Vanessa Luz
Elói Dionísio Piva	Verônica M. Guedes
Francisco Morás	
Gilberto Gonçalves Garcia	
Ludovico Garmus	
Teobaldo Heidemann	
Secretário executivo	
Leonardo A.R.T. dos Santos	

Editoração: Fernando Sergio Olivetti da Rocha
Diagramação: Sheilandre Desenv. Gráfico
Capa: André Esch

ISBN 978-85-326-4641-5 (Brasil)
ISBN 978-2-7116-0676-7 (França)

Este livro foi composto e impresso pela Editora Vozes Ltda.

SUMÁRIO

Introdução, 7

A TRANSCENDÊNCIA DO EGO, 9

I. O Eu e o "Moi", 13

    A) Teoria da presença formal do Eu, 13

    B) O *Cogito* como consciência reflexiva, 23

    C) Teoria da presença material do *Moi,* 30

II. A constituição do Ego, 37

    A) Os *estados* como unidades transcendentes das consciências, 37

    B) Constituição das *ações,* 41

    C) As qualidades como unidades facultativas dos estados, 42

    D) Constituição do Ego como polo das ações, dos estados e das qualidades, 43

    E) O Eu e a consciência no *Cogito,* 56

Conclusão, 59

INTRODUÇÃO

O *Ensaio sobre a transcendência do Ego*[1] é a primeiríssima obra filosófica de Sartre. As únicas duas publicações que a precederam, de fato, não podem ser consideradas como pesquisas filosóficas propriamente ditas. Uma é um artigo sobre a teoria realista do direito em Duguit, publicado em 1927; a outra, *A lenda da verdade* (*La legende de la vérité*)[2], em que Sartre expunha suas ideias sob a forma de um conto, publicado em 1931 na revista *Bifur*.

Com este ensaio, Sartre inaugura, portanto, um trabalho de investigação que desembocará em *O Ser e o Nada*. Também a cronologia confirma a incontestável unidade de suas preocupações filosóficas nesse período: pode-se dizer que todas as suas obras dessa época foram, se não redigidas, ao menos concebidas, ao mesmo tempo. O *Ensaio sobre a transcendência do Ego* foi escrito em 1934, em parte durante a estadia de Sartre em Berlim para estudar a fenomenologia de Husserl. Em 1935-1936, ele escreveu ao mesmo tempo *A imaginação* (*L'Imagination*) e *O imaginário* (*L'Imaginaire*) publicados respectivamente em 1936 e 1940, e depois, em 1937-1938, *A psique* (*La Psyché*), que ele já havia idealizado em 1934. Da *Psique* ele separou o que se tornaria o *Esboço de uma teoria fenomenológica das emoções* (*Esquisse d'une théorie phénoménologique des émotions*) e que foi publicado em 1939. Lembremo-nos, enfim, que *O Ser e o Nada* (*L'Être et le Néant*) veio logo em seguida, e foi publicado em 1943. Nessa última obra, ele reteve explicitamente suas conclusões do *Ensaio sobre a transcendência do Ego*[3], completando e aprofundando, no entanto, a refutação do solipsismo, considerada insuficiente.

---

1. *Essai sur la transcendance de l'Ego*, publicado pela primeira vez em *Recherches philosophiques*, em 1936, e nunca mais reeditado.

2. Cf. BEAUVOIR, S. *La force de l'âge*. Gallimard, 1960, p. 49.

3. Cf. *O Ser e o Nada*. 22. ed. Petrópolis: Vozes, 1997, p. 155 e 221.

Sartre não renegaria esse ensaio da juventude se não em um único ponto que, ademais, encontra-se muito pouco desenvolvido: trata-se de quanto tange à psicanálise. Ele revisou totalmente sua antiga concepção – sua rejeição – do inconsciente e da compreensão psicanalítica e não defenderia mais suas prevenções anteriores nesse domínio.

Mas a teoria da estrutura da consciência em si, assim como a ideia fundamental do Ego como objeto psíquico transcendente, são sempre as suas.

A melhor apresentação desse denso, embora curto, ensaio foi feita por Simone de Beauvoir, e o melhor é reproduzi-la aqui. O *Ensaio sobre a transcendência do Ego*, escreve ela[4], "descreve, sob uma perspectiva husserliana, mas em oposição a algumas das mais recentes teorias de Husserl, a relação do '*Moi*'* com a consciência; entre a *consciência* e o *psíquico* ele estabelece uma distinção que irá manter sempre; enquanto a consciência é uma imediata e evidente presença de si, o psíquico é um conjunto de objetos que não se distinguem senão por uma operação reflexiva e que, como os objetos da percepção, dão-se apenas como perfis: o ódio, por exemplo, é um transcendente que se apreende através das *Erlebnisse* e cuja existência é somente provável. Meu Ego é, ele mesmo, um ser do mundo, tanto quanto o Ego dos outros. Assim, Sartre fundava uma de suas crenças mais antigas e mais obstinadas: existe uma autonomia da consciência irrefletida; a relação com o eu que, segundo La Rochefoucald e a tradição psicológica francesa, perverteria nossos movimentos mais espontâneos, aparece somente em algumas circunstâncias particulares. O que lhe importava, sobretudo, é que essa teoria, e apenas ela, dizia ele, permitia escapar do solipsismo, do psíquico, do Ego existente para o outro e para mim da mesma maneira objetiva. Abolindo o solipsismo, evitavam-se as armadilhas do idealismo e, em sua conclusão, Sartre insistia no alcance prático (moral e político) de sua tese".

---

4. BEAUVOIR, S. *La force de l'âge*, p. 189-190.

* Sobre a manutenção do termo francês *Moi*, cf. adiante a nota do tradutor, sob o título I "O Eu e o *Moi*", p. 15 [N.T.].

Sartre

A TRANSCENDÊNCIA DO EGO

Esboço de uma descrição fenomenológica

No rodapé, as notas chamadas por letras são as do autor conforme o artigo publicado em 1936; enquanto as de Sylvie Le Bon são chamadas por meio de números.

Para a maioria dos filósofos o Ego é um "habitante" da consciência. Alguns afirmam sua presença formal no seio das *"Erleb-nisse"*, como um princípio vazio de unificação. Outros – na maioria psicólogos – pensam descobrir sua presença material, como centro dos desejos e dos atos, em cada momento de nossa vida psíquica. Nós gostaríamos de mostrar aqui que o Ego não está nem formal nem materialmente *na* consciência: ele está fora, *no* mundo; é um ser do mundo, como o Ego do outro.

I
O EU E O "MOI"*

A) Teoria da presença formal do *Eu*

Temos que atribuir a Kant que "o Eu Penso *deve poder* acompanhar todas as nossas representações"[1]. Mas é preciso concluir que um Eu, *de fato*, habita todos os nossos estados de consciência e opera realmente a síntese suprema de nossa experiência? Parece que isso seria forçar o pensamento kantiano. O problema da crítica sendo um problema de direito, Kant não afirma nada sobre a existência de fato do *Eu Penso*. Parece, ao contrário, que ele tenha perfeitamente visto que havia momentos de consciência sem "Eu", já que diz: "*deve poder* acompanhar". Trata-se, com efeito, de determinar as condições

---

* Sartre utiliza as duas formas de "Eu", presentes na língua francesa, como substantivos invariáveis: respectivamente *"Je"* e *"Moi"*, que são indistinguíveis em português, correspondendo ambos ao pronome e substantivo "Eu". Ao fazê-lo, diferencia "duas faces" do *Ego* que, afinal, compõem uma unidade (cf. adiante, p. 39. Cf. tb. a distinção do uso desses dois termos pelo autor explicada por Sylvie Le Bon à nota de rodapé 12, p. 19,). Observa-se que nas traduçoes das obras de Sartre tem-se recorrido a diferentes formas de lidar com essa dificuldade para distinguir o "Eu-*Je*" do "Eu-*Moi*". O mais comum tem sido usar "Eu" e "Mim" respectivamente (cf. *O Ser e o Nada*. Petrópolis: Vozes, 1997, p. 221). No entanto, entendemos que o uso de "Mim" não corresponde ao *"Moi"*, aqui substantivo, mas o enfraquece, pois o *"Moi"* francês não é apenas um pronome oblíquo que poderia ser traduzido por "mim" ou "me", mas uma forma substantivada que, no uso corrente, equivale ao pronome pessoal reforçando a individualidade e a distinção do sujeito que fala. Seria algo como "Eu-mesmo", "Meu-eu" ou "Eu-quanto-a-mim"... Assim, na falta de um correspondente à altura, e à substituição por uma forma menos densa que não corresponde ao original, preferimos aqui manter o termo original *Moi*, convidando o leitor a adentrar-se no sentido filosófico do conceito começando pela compreensão de seu significado primário [N.T.].

1. *Critique de la Raison pure*, seconde éd., Analytique transcendantale, L. 1, ch. 2, 2ᵉ section, § 16: "De l'unité originairement synthétique de l'aperception". Cf. igualmente § 17-18 (Traduction Tremesaygues-Pacaud, p. 110-118).

de possibilidade da experiência. Uma dessas condições é que eu possa sempre considerar minha percepção ou meu pensamento como *meu*: eis aí tudo. Mas existe uma tendência perigosa na filosofia contemporânea – cujos traços poderiam ser encontrados no neokantismo, no empírio-criticismo e em um intelectualismo como o de Brochard – que consiste em *realizar* as condições de possibilidade determinadas pela crítica[2]. É uma tendência que leva alguns autores, por exemplo, a se perguntar o que pode *ser* a "consciência transcendental". Se a questão é colocada nesses termos, somos obrigados naturalmente a conceber essa consciência – que constitui nossa consciência empírica – como um inconsciente. Mas Boutroux, em suas lições sobre a filosofia de Kant[3], fazia já justiça a essas interpretações. Kant nunca se preocupou com o modo com que se constitui *de fato* a consciência empírica, ele não a deduziu, absolutamente ao modo de um processo neoplatônico, de uma consciência superior, de uma hiperconsciência constituinte. A consciência transcendental, para ele, é apenas o conjunto das condições necessárias à existência de uma consciência empírica. Consequentemente, *realizar* o Eu transcendental, fazer dele o companheiro inseparável de cada uma de nossas "consciências"[a], é julgar sobre *o fato* e não sobre o direito, é posicionar-se em um ponto de vista radicalmente diferente do de Kant. E, no entanto, se se pretende autorizar-se considerações kantianas sobre a unidade necessária à experiência, comete-se o mesmo erro daqueles que fazem da consciência transcendental um inconsciente pré-empírico.

---

2. O neokantismo é representado por Lachelier e Brunschvicg; o empírio-criticismo por Mach; quanto a Victor Brochard (1848-1907), ele não era apenas historiador da filosofia antiga: foi o autor de uma tese: *De l'Erreur* (*Sobre o erro* – 1879) e de diversos artigos de filosofia ou de moral recolhidos ao final da obra: *Études de philosophie ancienne et de philosophie moderne* (*Estudos de filosofia antiga e de filosofia moderna*. Vrin, 1954).

3. BOUTROUX. *La philosophie de Kant* (*A filosofia de Kant*), curso proferido na Sorbonne em 1896-1897. Paris: Vrin, 1926.

a. Empregarei aqui o termo "consciência" para traduzir a palavra alemã *"Bewusstsein"* que significa tanto a consciência total, a mônada, como cada momento dessa consciência. A expressão "estado de consciência" me parece inexata por causa da passividade que ela introduz na consciência.

Se, portanto, atribui-se a Kant a questão de *direito*, a questão de fato nem por isso fica resolvida. Convém, portanto, colocá-la aqui claramente: o Eu Penso deve poder acompanhar todas as nossas representações, mas as acompanha de fato? Suponhamos, ademais, que uma certa representação A passe de um determinado estado em que o que Eu Penso não a acompanha para um estado em que o Eu Penso a acompanhe; nesse caso, segue-se para ela uma modificação de estrutura ou antes ela permanecerá inalterada em seu fundo? Esta segunda questão nos leva a colocar uma terceira: o Eu Penso deve poder acompanhar todas as nossas representações; mas deve-se entender com isso que a unidade de nossas representações é, direta ou indiretamente, realizada pelo Eu Penso – ou então deve-se compreender que as representações de uma consciência devem ser unidas e articuladas de tal modo que um "Eu Penso" de constatação seja sempre possível a propósito delas? Essa terceira questão parece colocar-se no terreno do direito e abandonar, nesse terreno, a ortodoxia kantiana. Mas trata-se, na realidade, de uma questão de fato que pode ser formulada da seguinte forma: o Eu que encontramos em nossa consciência é possibilitado pela unidade sintética de nossas representações ou será ele que unifica, de fato, as representações entre si?

Se abandonarmos todas as interpretações mais ou menos forçadas que os pós-kantianos deram ao "Eu Penso" e quisermos, no entanto, resolver o problema da existência *de fato* do Eu na consciência, encontraremos em nosso caminho a fenomenologia de Husserl[4]. A fenomenologia é um estudo científico e não crítico da consciência[5]. Seu procedimento essencial é a intuição. A intuição, de acordo com Husserl, nos coloca em presença *da*

---

4. Em *L'Imagination* (PUF, 1936), a propósito do problema singular da imagem, Sartre separa os traços gerais da revolução filosófica que foi o surgimento da fenomenologia. Como aqui, ele insiste na fecundidade de um método que se quer descritivo, mesmo se os "fatos" que lhe apresenta a intuição são essências. "A fenomenologia é uma *descrição* das estruturas da consciência transcendental fundada sobre a intuição das essências dessas estruturas" (cap. IV: "Husserl", p. 140).

5. Husserl desenvolve esse projeto em *La philosophie comme science rigoureuse* (*A filosofia como ciência rigorosa*) (1911).

coisa[6]. Tem-se, então, que entender que a fenomenologia é uma ciência de *fato* e que os problemas que ela coloca são problemas de *fato*[b], como, ademais, pode-se compreender considerando que Husserl a denomina uma ciência *descritiva*[7]. Os problemas das relações do Eu com a consciência são, portanto, problemas existenciais. A consciência transcendental de Kant, Husserl a encontra e distingue por meio da ἐποχή[8]. Mas essa consciência não é mais um conjunto de condições lógicas, é um fato absoluto. Tampouco é uma hipóstase do direito, um inconsciente que flutua entre o real e o ideal. É uma consciência real acessível a cada um de nós desde que tenha operado a "redução". Resta o fato de que é ela que constitui nossa consciência empírica, essa consciência "no mundo", essa consciência com um "eu" psíquico e psicofísico. Quanto a nós, preferimos acreditar na existência de uma consciência constituinte. Seguimos Husserl em cada uma das

---

6. "Nos atos de intuição imediata, temos a intuição da 'coisa em si mesma', *Idées directrices pour une phénoménologie* (*Ideias diretrizes para uma fenomenologia*) (que designaremos por *Ideen I*), § 43 (Trad. Ricoeur, p. 139).

b. Husserl diria: uma ciência de essências. Mas para o ponto de vista em que nos situamos isso dá na mesma.

7. "Ciência de fato" e "ciência de essências" – ou ainda "ciência eidética", essas expressões, *aqui*, dão na mesma. Com efeito, Sartre não está se referindo, nesse momento, à oposição – em outros locais essencial – entre fato empírico e essência, mas à oposição, mais global, entre problemas de fato e problemas de direito. Ora, fato e essência aparecem em bloco como *dados*, e o essencial (aqui) é precisamente que a fenomenologia seja a ciência de um dado (material ou ideal, pouco importa por enquanto), face à perspectiva kantiana que coloca a questão do puro *direito*. É porque ela visa um dado, um conjunto de fatos, que a fenomenologia é uma ciência *descritiva*. Por outro lado, se é verdade que Husserl quis fundar uma "ciência de essências" ou "eidética", é necessário considerar sobretudo aqui que essas essências são apresentadas com certeza, em uma vista imediata, exatamente como o seriam os objetos. Desse ponto de vista, elas são fatos (ideais). "A essência *Eidos* é um objeto de um novo tipo. Assim como na intuição do indivíduo ou intuição empírica, o dado é um objeto individual, assim também o dado da intuição eidética é uma essência pura. [...] A intuição das essências *Wesens-Schaung* ela também é uma intuição, e o objeto eidético, também ele um objeto", *Ideen I*, 1re section, ch. 1: "Fait et essence", § 3 (Trad. Ricoeur, p. 21).

8. A ἐποχή (*epoché*), a redução fenomenológica, é a colocação entre parêntesis da atitude natural, sempre marcada por um realismo espontâneo; Sartre designa também, seguindo Husserl, essa consciência natural pela expressão "consciência intramundana". Sobre isso ou sobre as reduções, cf. *Ideen I*, cap. IV da 2ª sessão, § 56 a 62 (Trad. Ricoeur, p. 187 a 208); e as *Méditations cartésiennes*, § 8 (Trad. Levinas, p. 17-18).

admiráveis descrições[9] em que mostra a consciência transcendental constituindo o mundo ao aprisionar-se na consciência empírica; estamos persuadidos como ele de que nosso eu psíquico e psicofísico é um objeto transcendente que deve cair sob a ação da ἐποχή[10]. Mas nós nos colocamos a seguinte questão: Esse eu psíquico e psicofísico não é suficiente? É preciso duplicá-lo em um Eu transcendental, estrutura da consciência absoluta?[11] Vejamos as consequências da resposta. Sendo negativa, resulta:

1) que o campo transcendental torna-se impessoal, ou, se preferirmos, "pré-pessoal", ele é *sem Eu*;

2) que o Eu aparece somente no nível da humanidade e não é mais do que uma face do *Moi*, a face ativa[12];

3) que o Eu Penso pode acompanhar nossas representações porque ele vem à tona sobre um fundo de unidade que não contribuiu para criar e que, ao contrário, é esta unidade anterior que o torna possível;

4) que será lícito perguntar-se se a personalidade (mesmo a personalidade abstrata de um Eu) é um acompanhamento necessário de uma consciência e se não se podem conceber consciências absolutamente impessoais[13].

---

9. Aquelas das *Ideen I*, principalmente.

10. "Para mim, sujeito meditante, situado e persistente na ἐποχή, e colocando-me assim como fonte exclusiva de todas as afirmações e de todas as justificações objetivas, não existe, portanto, nem Eu psicológico nem fenômenos psíquicos no sentido da psicologia, quer dizer, compreendidos como elementos reais de seres humanos (psicofísicos)", *Méditations cart.* § 11 (Trad., p. 22).

11. O problema se encontra colocado em Husserl, no § 11 das *Meditações cartesianas* já citadas, e intitulado "O Eu psicológico e o Eu transcendental". Com efeito, na passagem citada na nota 10, Husserl acrescenta imediatamente: "Pela ἐποχή fenomenológica, eu reduzo meu Eu humano natural e minha vida psíquica – domínio de minha experiência psicológica, interna – ao meu Eu transcendental e fenomenológico". Ora, desse Eu transcendental, ele afirma que não se pode jamais reduzi-lo.

12. Sartre designa por meio do conceito de "Eu" a personalidade em seu aspecto ativo; por "*Moi*", ele entende a totalidade concreta psicológica da mesma personalidade. É bem-entendido que o Eu e o *Moi* compõem uma unidade, eles constituem o *Ego*, do qual são as duas faces (cf. nota 52).
O estatuto do Ego, aqui discutido, é adquirido em *O Ser e o Nada*, p. 221ss.

13. As consequências enumeradas constituem o fundo da tese que Sartre irá defender, em oposição aos últimos trabalhos de Husserl.

Ora, Husserl respondeu a essa questão. Depois de considerar que o *Moi* era uma produção sintética e transcendente da consciência (nas *Investigações lógicas*)[14], ele voltou, nas *Ideen (Ideias)*[15], à tese clássica de um Eu transcendental que estaria como que por detrás de toda consciência, que seria uma estrutura necessária dessas consciências cujos raios (Ichstrahl) incidiriam em cada fenômeno que se apresentasse no campo da atenção. Assim a consciência transcendental torna-se rigorosamente pessoal. Essa concepção era necessária? Ela é compatível com a definição que Husserl dá da consciência?

Acredita-se ordinariamente que a existência de um Eu transcendental se justifique pela necessidade de unidade e de individualidade da consciência. É porque todas as minhas percepções e todos os meus pensamentos se reportam a essa morada permanente que minha consciência é unificada; é porque eu posso dizer *minha* consciência e Pedro e Paulo podem também falar de *sua* consciência, que essas consciências se distinguem entre si. O Eu é produtor de interioridade. Ora, é certo que a fenomenologia não tem necessidade de recorrer a esse Eu unificador e individualizante. Com efeito, a consciência se define pela intencionalidade[16].

---

14. *Recherches Logiques*. Tomo I, 2a. parte, V, § 8: "O eu puro e o ter consciência" (Trad., p. 159ss.). A evolução de Husserl é perceptível no interior das próprias *Recherches Logiques*. Com efeito, Husserl escreve: "Além disso, eu devo reconhecer, é verdade, que não posso absolutamente chegar a descobrir esse eu primitivo enquanto centro de referência necessário". Ao que ele (infelizmente) acrescentou na segunda edição, de 1913, a seguinte nota: "Desde então, eu aprendi a encontrá-lo, ou compreendi antes, que não era preciso deixar-se reter, na apreensão pura do dado, pelo temor de cair no excesso da metafísica do eu".

15. Cf. *Ideen I*, § 80, para a imagem do raio e, sobretudo, § 57: "O Eu puro é colocado fora de circuito?" (Trad., p. 188). Cf. tb. a 4ª *Meditação cartesiana*, relativa aos problemas constitutivos do ego transcendental.

16. Para Sartre, a hipótese de um Eu transcendental como morada pessoal unificadora e fundadora de toda consciência é supérflua. Para ele existe apenas um campo transcendental pré-pessoal ou impessoal. *Transcendente e transcendental* não assumem para ele um sentido kantiano, mas antes um sentido husserliano, tal como é definido por exemplo pelo § 11 das *Meditações cartesianas*. É transcendental o campo constituído pelas consciências originárias fornecedoras de sentido. Devemos observar que Sartre abandonará esse termo (por demais kantiano?), que não se encontrará mais, por assim dizer, em *O Ser e o Nada*. A

Pela intencionalidade, ela se transcende a si mesma, ela se unifica evadindo-se[17]. A unidade de mil consciências ativas pelas quais eu somei, somo e somarei dois com dois para fazer quatro é o objeto transcendente "dois mais dois fazem quatro". Sem a permanência dessa verdade eterna seria impossível conceber uma unidade real e haveria tantas operações irredutíveis quantas consciências operatórias. É possível que aqueles que acreditam que "dois mais dois são quatro" é o *conteúdo* de minha representação sejam obrigados a recorrer a um princípio transcendental e subjetivo de unificação, que será então o Eu. Mas precisamente Husserl não precisa disso. O objeto é transcendente às consciências que o apreendem e é nele que se encontra sua unidade. Dir-se-á que, no entanto, é preciso um princípio de unidade *na duração* para que o fluxo contínuo das consciências seja suscetível de definir objetos transcendentes fora dele. É preciso que as consciências sejam sínteses perpétuas de consciências passadas e da consciência presente. Está certo. Mas é típico que Husserl, que analisou em *A consciência interna do tempo* essa unificação subjetiva das consciências, *jamais recorreu* a um poder sintético do Eu. É a consciência que se unifica a si mesma e concretamente por um jogo de intencionalidades "transversais" que são retenções concretas e reais de consciências passadas. Assim, a consciência remete perpetuamente a si mesma; quem diz "uma consciência" diz toda a consciência e essa propriedade singular pertence à consciência ela mesma, quaisquer que

---

consciência é considerada conforme ela é irrefletida ou reflexiva, posicional ou não posicional de si. Não existe mais Ego nem mesmo campo transcendental. Por outro lado, a *transcendência* do Ego permanece uma tese fundamental. As noções de transcendência e de intencionalidade, com efeito, são correlativas. "A transcendência é estrutura constitutiva da consciência" (cf. *O Ser e o Nada*, p. 34), quer dizer que, de improviso, a consciência sai de si mesma para dirigir-se aos objetos. É o que significa a famosa afirmação "Toda consciência é consciência de alguma coisa". Correlativamente, são denominados *transcendentes* à consciência o mundo e seus objetos (físicos, culturais etc.), enquanto eles estão, por definição, *fora* da consciência, e são para ela o Outro absoluto.

17. Sobre a intencionalidade, confira *Ideen I*, § 84, 3ª seção, cap. 2: "A intencionalidade como tema capital da fenomenologia" (Trad., p. 282); bem como o artigo de Sartre publicado nas *Situações I*: "Uma ideia fundamental da fenomenologia de Husserl: a intencionalidade" (p. 32-35).

sejam ademais suas relações com o Eu[18]. Parece que Husserl, nas *Meditações cartesianas,* manteve inteiramente essa concepção da consciência que se unifica no tempo[19]. Por outro lado, a individualidade da consciência provém evidentemente da natureza da consciência. A consciência não pode ser demarcada (como a substância de Spinoza)[20] senão por si mesma. Ela constitui portanto uma totalidade sintética e individual totalmente isolada de outras totalidades do mesmo tipo e o Eu só pode ser evidentemente uma *expressão* (e não uma condição) dessa incomunicabilidade e dessa interioridade das consciências. Portanto, podemos responder sem hesitar: a concepção fenomenológica da consciência torna o papel unificante e individualizante do Eu totalmente inútil. É a consciência, ao contrário, que torna possível a unidade e a personalidade de meu Eu. O Eu transcendental, portanto, não tem razão de ser.

Mas, além disso, esse Eu supérfluo é nocivo. Se ele existisse, arrancaria a consciência de si mesma, a dividiria, escorregaria em cada consciência como uma lama opaca. O Eu transcendental é a morte da consciência. Com efeito, a existência da consciência é um absoluto porque a consciência é consciente de si mesma. Ou seja, o tipo de existência da consciência é de ser consciente de si[21]. E

---

18. Sobre a autoconstituição do tempo fenomenológico, veja as *Lições sobre consciência interna do tempo* (1904-1910), § 39 (Trad. Dussort, p. 105ss.), intitulado "A dupla intencionalidade da retenção e a constituição do fluxo da consciência", onde Husserl explica que "O fluxo da consciência constitui sua própria unidade".

19. Cf. 4ª *Meditação cartesiana,* § 37: "O tempo, forma universal de toda gênese egológica" (Trad. p. 63).

20. "Por substância eu entendo aquilo que existe em si e é concebido por si, ou seja, aquilo cujo conceito não precisa do conceito de uma outra coisa para ser formado" (*Ética.* 1ª parte, definição III).
Sartre diz: "A consciência é consciência de ponta a ponta. Ela só poderia, pois, ser limitada por si mesma" (*O Ser e o Nada*, Introdução, p. 27).

21. "Por se tratar de absoluto de existência e não de conhecimento, escapa à famosa objeção de que um absoluto conhecido não é mais um absoluto por se tornar relativo ao conhecimento que dele se tem. Realmente, o absoluto, aqui, não é resultado de construção lógica no terreno do conhecimento, mas sujeito da mais concreta das experiências. E não é *relativo* a tal experiência, porque *é* essa experiência. E também é *um absoluto não substancial*" (*O Ser e o Nada*, p. 28).

ela toma consciência de si *enquanto como é consciente de um objeto transcendente*[22]. Assim, tudo é claro e lúcido na consciência: o objeto encontra-se diante dela com toda a sua opacidade característica, mas ela, ela é pura e simplesmente consciência de ser consciência desse objeto, esta é a lei de sua existência. Devemos acrescentar que essa consciência de consciência – fora dos casos de consciência refletida sobre os quais nos deteremos logo à frente – não é *posicional*, quer dizer, que a consciência não é para si mesma seu objeto[23]. Seu objeto está fora dela por natureza, e é por isso que, em um mesmo ato, ela o *põe* e o *apreende*. Ela mesma não se conhece senão como interioridade absoluta. Denominaremos como essa consciência: consciência de primeiro grau ou *irrefletida*. Perguntamos: Existe aí lugar para um *Eu* em uma consciência assim? A resposta é clara: evidentemente não. Com efeito, esse Eu não é nem objeto (já que é interior por hipótese) nem tampouco *da consciência*, já que é alguma coisa *para* a consciência, não uma qualidade translúcida da consciência, mas, de alguma maneira, um habitante. Com efeito, o Eu, com sua personalidade, é tão formal, tão abstrato que o supomos como um centro de opacidade. Ele é para o eu concreto e psicofísico aquilo que o ponto é para as três dimensões: ele é um *Moi* infinitamente contraído. Se, portanto, introduzimos essa opacidade na consciência destruímos, dessa forma, a definição tão fecunda que dávamos há pouco, a coagulamos, a obscurecemos, já não será uma espontaneidade, ela carrega em si mesma como que um germe de opacidade. Mas, além disso, somos obrigados a abandonar esse ponto de vista original e profundo que faz da consciência um absoluto não *substancial*. Uma consciência pura é um absoluto tão somente porque ela é cons-

---

22. "A transcendência é estrutura constitutiva da consciência, quer dizer, a consciência nasce tendo por objeto um ser que não é ela. [...] A consciência implica seu ser um ser não consciente e transfenomenal. [...] A consciência é um ser para o qual, em seu próprio ser, está em questão o seu ser enquanto este ser implica outro ser que não si mesmo" (*O Ser e o Nada*, p. 34-35).

23. "Toda consciência posicional do objeto é ao mesmo tempo consciência não posicional de si" (*O Ser e o Nada*, p. 24).

ciência de si mesma. Ela permanece portanto um "fenômeno" no sentido muito particular em que "ser" e "aparecer" compõem uma unidade[24]. Ela é completa leveza, completa translucidez. É nisso que o Cogito de Husserl se difere tanto do Cogito cartesiano. Mas se o Eu é uma estrutura necessária da consciência, esse Eu opaco é elevado ao mesmo tempo à posição de absoluto. Eis-nos, portanto, na presença de uma mônada. E é exatamente essa, infelizmente, a orientação do novo pensamento de Husserl (cf. as *Meditações cartesianas*)[25]. A consciência tornou-se pesada, ela perdeu o caráter que fazia dela o existente absoluto *por força da inexistência*. Ela é pesada e *ponderável*. Todos os resultados da fenomenologia ameaçam ruir se o Eu não for, tanto quanto o mundo, um existente relativo, significa dizer, um objeto *para* a consciência[26] .

---

24. "Na esfera psíquica não existe nenhuma distinção entre aparecer e ser. [...] Essas aparências em si não constituem um ser que apareceria, também ele, com a ajuda das aparências pelas quais ele apareceria". Husserl. *La philosophie comme science rigoureuse* (p. 83 da tradução de Q. Lauer).
"O pensamento moderno realizou um progresso considerável ao reduzir o existente à série de aparições que o manifestam. [...] O dualismo do ser e do aparecer não pode encontrar legitimidade na filosofia. [...] O ser de um existente é exatamente o que o existente aparenta. Assim chegamos à ideia de *fenômeno* como pode ser encontrada, por exemplo, na "Fenomenologia" de Husserl ou Heidegger: o fenômeno ou o relativo-absoluto. [...] (O fenômeno) pode ser estudado e descrito como tal porque é absolutamente indicativo de si mesmo" (*O Ser e o Nada*, p. 15-16).
25. Orientação que indicam a 4ª *Meditação cartesiana*, que trata da "plenitude concreta do *Moi* como mônada", e a 5ª *Meditação*, intitulada "Determinação do domínio transcendental como intersubjetividade monadológica".
26. As dificuldades decorrentes da concepção husserliana da consciência transcendental como arquirregião foram recentemente evocadas em um artigo de M. Derrida publicado nos *Études philosophiques* (*Estudos filosóficos*) (1963: "Phänomenologische Psychologie. Vorlesungen Sommer-semester 1925, por Ed. Husserl". M. Derrida escreve em particular: "Meu Eu transcendental é radicalmente diferente, precisa Husserl, de meu Eu natural e humano; e contudo *não se distingue em nada dele*. [...] Eu (transcendental) não é um outro. Não é, sobretudo, um fantasma metafísico ou formal do eu empírico. Isto levaria a denunciar a imagem teorética e a metáfora do *Eu* espectador absoluto de seu próprio eu psíquico, toda essa linguagem analógica de que, às vezes, temos que nos servir para anunciar a redução transcendental e para descrever esse 'objeto' insólito que é o eu psíquico diante do Ego transcendental absoluto".

B) O *Cogito* como consciência reflexiva

O "Eu Penso" kantiano é uma condição de possibilidade. O Cogito de Descartes e de Husserl é uma constatação de fato. Falou--se da "necessidade de fato" do Cogito, e essa expressão me parece muito justa. Ora, é inegável que o Cogito é pessoal. No "Eu Penso" há um *Eu* que pensa. Chegamos aqui ao Eu em sua pureza e é exatamente do Cogito que uma "Egologia" deve partir. O fato que pode servir de partida é, portanto, o seguinte: cada vez que nós apreendemos nosso pensamento, seja por uma intuição imediata, seja por uma intuição apoiada na memória, nós apreendemos um *Eu* que é o Eu do pensamento apreendido e que se dá, além disso, como transcendente a esse pensamento e a todos os outros pensamentos possíveis. Se, por exemplo, eu quero recordar determinada paisagem percebida no trem, ontem, é-me possível fazer retornar a recordação dessa paisagem enquanto tal, mas eu posso lembrar-me também de que *eu* via essa paisagem. É o que Husserl denomina, na *Consciência interna do tempo*, a possibilidade de *refletir na recordação*[27]. Dito de outra forma, eu posso sempre operar uma rememoração qualquer sobre o modo pessoal e o *Eu* aparece imediatamente. Essa é a garantia *de fato* da afirmação *de direito* feita por Kant. Assim fica evidente que não há uma de minhas consciências que eu não apreenda como provida de um Eu. Mas devemos lembrar que todos os autores que descreveram o Cogito consideraram-no uma operação reflexiva, quer dizer, uma operação de segundo grau. Esse Cogito é operado por uma consciência *dirigida sobre a consciência*, que toma a consciência como objeto. Entendamo-nos: a certeza do Cogito é absoluta porque, como diz Husserl[28], existe uma unidade indissolúvel entre a consciência reflexiva e a consciência refletida (a tal ponto que a consciência reflexiva não poderia existir sem a consciência refletida). Permanece o fato de que estamos diante de uma síntese de duas consciências em que uma é consciência *da* outra. Assim, o princípio essencial da fenomenologia "Toda cons-

---

27. Por exemplo, no Suplemento XII: "A consciência interna e a apreensão das vivências" (p. 179ss. da tradução).

28. Com o "Eu sou", eu apreendo uma evidência apodítica, diz ainda Husserl nas *Meditações cartesianas*.

ciência é consciência *de* alguma coisa" está preservado. Ora, minha consciência reflexiva não se toma a si mesma como objeto quando eu realizo o *Cogito*. O que ela afirma diz respeito à consciência refletida. Enquanto minha consciência reflexiva é consciência de si mesma, ela é consciência *não posicional*. E se torna posicional apenas quando visa a consciência refletida que, ela própria, não era consciência posicional de si até ser refletida. Assim a consciência que diz "Eu Penso" não é precisamente a consciência que pensa. Ou antes não é *seu* pensamento que ela assenta por meio desse ato tético. Temos, portanto, fundamentos para nos perguntar se o *Eu* que pensa é comum às duas consciências sobrepostas ou se não é, ao invés disso, o Eu da consciência refletida. Toda consciência reflexiva, com efeito, é em si mesma irrefletida e é necessário um ato novo e de terceiro grau para assentá-la. Não existe aqui, por outro lado, remissão infinita, uma vez que uma consciência não tem absolutamente necessidade de uma consciência reflexiva para ser consciente de si mesma. Ela simplesmente não se coloca como objeto para si mesma[29].

Mas não seria precisamente o ato reflexivo que faria nascer o *Moi* na consciência refletida? Assim se explicaria que todo pensamento apreendido pela intuição possui um Eu, sem cair nas dificuldades assinaladas em nosso capítulo precedente. Husserl[30] é

---

29. Para resumir, uma análise fenomenológica da consciência discernirá três graus de consciência:

1º) *Um primeiro grau* no nível da consciência irrefletida, não posicional de si, porque é consciência de si enquanto consciência de um objeto transcendente.
Com o Cogito:

2º) *Um segundo grau*: a consciência reflexiva é não posicional de si mesma, mas posicional da consciência refletida.

3º) *Um terceiro grau*, que é um ato tético ao segundo grau, pelo qual a consciência reflexiva torna-se posicional de si.

Dito de outra forma, no nível do segundo grau existem atos irrefletidos de reflexão.

Quanto à autonomia da consciência irrefletida, ela é fortemente afirmada na introdução de *O Ser e o Nada*.

30. Na introdução às *Ideen I*, Husserl declara que a fenomenologia "exige o abandono das atitudes naturais ligadas à nossa experiência e a nosso pensamento, ou seja, uma mudança radical de atitude" (Trad. p. 6); e no § 31, intitulado "Alteração radical da tese natural" (Trad. p. 96), ele explicita essa afirmação.

o primeiro a reconhecer que um pensamento irrefletido sofre uma modificação radical tornando-se refletido. Mas é preciso restringir essa modificação a uma perda de "naïveté"? O essencial da mudança não seria a aparição do Eu? Evidentemente, é preciso recorrer à experiência concreta e esta pode parecer impossível, pois, por definição, uma experiência desse tipo é reflexiva, ou seja, provida de um Eu. Mas toda consciência irrefletida, sendo consciência não tética dela mesma, deixa uma recordação não tética que é possível consultar[31]. Basta para isso procurar reconstituir o momento completo em que apareceu essa consciência irrefletida (o que é, por definição, sempre possível). Por exemplo, eu estava absorvido agora há pouco em minha leitura. Eu vou procurar lembrar as circunstâncias de minha leitura, minha atitude, as linhas que eu lia. Vou assim ressuscitar não apenas esses detalhes exteriores, mas uma certa espessura de consciência irrefletida, pois os objetos não puderam ser percebidos se não *por* esta consciência e permanecem relativos a ela. Essa consciência, não é preciso colocá-la como objeto de minha reflexão, mas ao contrário, é preciso que eu dirija minha atenção aos objetos ressuscitados, mas *sem perdê-la de vista*, mantendo com ela uma espécie de cumplicidade e inventoriando seu conteúdo de modo não posicional. O resultado não é duvidoso: enquanto eu estava lendo, havia a consciência *do* livro, *dos* heróis da história, mas o *Eu* não habitava essa consciência, ela era apenas consciência do objeto e consciência não posicional dela mesma. Esses resultados apreendidos ateticamente eu posso agora torná-los objeto de uma tese e declarar: não havia *Eu* na consciência irrefletida. Não é preciso considerar essa operação como artificial e concebida para as necessidades da causa: é evidentemente graças a ela que Titchener[32] podia dizer em seu *Textbook of psychology* que muitas vezes o *Moi* estava ausente de

---

31. Husserl apela a recordações não téticas de consciências não téticas nas *Lições sobre a consciência interna do tempo*.

32. Titchener (1867-1927) é um psicólogo anglo-americano. Aluno de Wundt, ele se dedicou à psicologia experimental e influenciou sobretudo a psicologia anglo-saxã.
Pode-se citar dele: *An outline of psychology* (1896); *Lehrbuch der psychologie* (citado aqui) (1910-1912); *Experimental psychology* (1927).

sua consciência. Ele não ia além disso, no entanto, e não procurou classificar os estados de consciência sem *Moi*.

Haverá, sem dúvida, a tentação de objetar que essa operação, essa apreensão não reflexiva de uma consciência por uma outra consciência, não pode evidentemente operar-se senão pela recordação e que, portanto, ela não goza da certeza absoluta inerente ao ato reflexivo. Nós nos encontraríamos, então, na presença, *por um lado*, na presença de um ato certo que me permite afirmar a presença do *Eu* na consciência refletida e, *por outro*, diante de uma recordação duvidosa que tenderia a fazer crer que o Eu está ausente na consciência irrefletida. Parece que não teríamos o direito de opor isso àquilo. Mas proponho considerarmos que a recordação da consciência irrefletida não se opõe aos dados da consciência reflexiva. Ninguém cogitaria negar que o Eu aparece em uma consciência refletida. Trata-se simplesmente de opor a recordação reflexiva de minha leitura ("Eu lia"), que é, também ela, de natureza duvidosa a uma recordação não refletida. A validade da presente reflexão, com efeito, não se estende para além da consciência apreendida presentemente. E a recordação reflexiva, à qual somos obrigados a recorrer para restituir as consciências transcorridas, além do caráter duvidoso que ela deve à sua natureza de recordação, continua suspeito uma vez que, na opinião do próprio Husserl, a reflexão modifica a consciência espontânea. Uma vez, portanto, que todas as recordações não reflexivas da consciência irrefletida me mostram uma consciência *sem mim*, e como, por outro lado, as considerações teóricas baseadas na intuição de essência da consciência nos obrigaram a reconhecer que o Eu não podia fazer parte da estrutura interna das *"Erlebnissen"*, só nos resta concluir que: não existe *Eu* sobre o plano irrefletido. Quando corro para pegar um ônibus, quando eu olho as horas, quando me absorvo contemplando um retrato, ali não há um Eu. O que há é consciência *do ônibus-que-eu-devo-pegar* etc., e consciência não posicional da consciência. De fato, estou então mergulhado no mundo dos objetos, são eles que constituem a unidade de minhas consciências, que se apresentam com valores, qualidades atrativas e repulsivas, mas *eu mesmo* desapareci, aniquilei-me. Não há lugar para *mim* neste nível, e isso não provém de um acaso, de uma falha momentânea da atenção, mas da estrutura própria da consciência.

É isso que uma descrição do cogito nos deixará ainda mais perceptível. Pode-se dizer, com efeito, que o ato reflexivo apreende no mesmo grau e da mesma maneira o Eu da consciência pensante? Husserl insiste no fato de que a certeza do ato reflexivo vem de que aí se apreende a consciência sem facetas, sem perfis, inteiramente (sem "Abschattungen")[33]. É evidente. Do contrário, o objeto espaçotemporal se manifesta sempre através de uma infinidade de aspectos e, no fundo, não é mais do que a unidade ideal dessa infinidade. Quanto às significações, às verdades eternas, elas afirmam sua transcendência na medida em que se dão, desde que aparecem como independentes do tempo, ao passo que a consciência que as apreende é, ao contrário, individualizada rigorosamente na duração. Então nos perguntamos: Quando uma consciência reflexiva apreende o *Eu penso*, o que ela apreende é uma consciência plena e concreta recolhida em um momento real da duração concreta? A resposta é clara: o Eu não se dá como um momento concreto[34], uma estrutura transitória de minha consciência atual; Ele afirma,

---

33. Sartre se refere aqui à teoria fenomenológica da percepção por "perfis" ou "esboços", em alemão "Abschatttungen" . Cf. *Ideen I*, § 41 (Trad. p. 130-134). "Em virtude de uma necessidade eidética, uma consciência empírica da mesma coisa percebida sob "todas essas faces" e que se confirma continuamente em si mesma de maneira a formar somente uma única percepção, comporta um sistema complexo formado por um diverso ininterrupto de aparências e esboços; nesses diversos vem esboçar-se eles mesmos *sich abschatten*, por meio de uma continuidade determinada, todos os momentos do objeto que se oferecem na percepção com o caráter de dar-se a si-mesma corporalmente" (Trad. p. 132-133). Sartre opõe pensamento e percepção por exemplo em *O imaginário*, 1ª parte, p. 18ss.: "Trata-se de fenômenos radicalmente distintos: um, saber consciente de si mesmo, que se situa de uma vez no centro do objeto; outra, a unidade sintética de uma multiplicidade de aparências, que faz lentamente sua aprendizagem" .

34. Husserl parece tê-lo pressentido, mas ele não se detém nessa intuição. Contudo, no § 54 das *Ideen I* ele escreveu: "É certo que se pode pensar uma consciência sem corpo e, por mais paradoxal que isso pareça, sem alma, uma consciência não pessoal, quer dizer, um fluxo vivido em que não se constituiriam as unidades intencionais empíricas denominadas corpo e alma, sujeito pessoal empírico, e onde todos os conceitos empíricos, inclusive, consequentemente, o do vivenciado no sentido psicológico (enquanto vivência de uma pessoa, de um eu animado) perderiam todo ponto de apoio e, em todo caso, toda a validade" (Trad. p. 182).

ao contrário, sua permanência para além dessa consciência e de todas as consciências e – embora, certamente, ele não se pareça nem um pouco com uma verdade matemática – seu tipo de existência se aproxima bem mais das verdades eternas do que da consciência. Inclusive, é evidente que é por ter considerado que *Eu* e *penso* encontram-se no mesmo plano que Descartes passou do Cogito à ideia de substância pensante. Nós vimos há pouco que Husserl, embora mais sutilmente, cai, no fundo, na mesma questão. Sei perfeitamente que ele reconhece ao Eu uma transcendência especial que não é a do objeto e que se poderia denominar uma transcendência "por cima". Mas com que direito? E como explicar esse tratamento privilegiado do Eu se não for por preocupações metafísicas ou críticas que nada têm a ver com a fenomenologia? Sejamos mais radicais e afirmemos sem temor que *toda a transcendência* deve cair sob a ἐποχή[35]; isto talvez nos poupe de escrever capítulos tão embaraçosos quanto o § 61 das *Ideen*. É porque o Eu se afirma a si próprio como transcendente no "Eu penso" que ele não é da mesma natureza que a consciência transcendental.

Observemos, além disso, que ele não aparece à reflexão como a consciência refletida: ele se dá *por meio* da consciência refletida. Certamente que ele é apreendido pela intuição e é o objeto de uma evidência. Mas, sabemos do serviço que Husserl prestou à

---

35. Algo que Husserl jamais reconhecerá.
"Entre os traços distintivos gerais que apresentam as essências do domínio do vivenciado após a purificação transcendental, o primeiro lugar é dado expressamente à relação que une cada vivência ao eu 'Puro'. Cada cogito, cada ato tem um sentido especial; caracteriza-se como ato do eu, procede do eu, nele o eu vive atualmente. [...] Nenhuma suspensão pode abolir a forma do cogito e suprimir por um ato o 'puro' sujeito do ato: o fato 'de ser dirigido sobre', 'de estar ocupado com', 'de posicionar-se em relação a', 'de fazer experiência de', 'de sofrer de', envolve *necessariamente* em sua essência de ser precisamente um raio que emana do eu, ou em sentido inverso que se dirige para o eu; esse eu é o puro eu; nenhuma redução tem influência sobre ele" (*Ideen I*, § 80 (Trad. p. 270): "A relação do vivido como eu puro").
Igualmente, 1ª *Meditação cartesiana*, § 8, p. 18: após a redução, "Eu me encontro como ego puro com o cotidiano puro de minhas cogitações".

filosofia ao distinguir diversas espécies de evidência[36]. Pois bem, é mais do que certo que o Eu do Eu penso não é objeto de uma evidência nem apodítica nem adequada. Não é uma evidência apodítica porque ao dizer *Eu* nós afirmamos bem mais do que sabemos. E não é adequada porque o Eu se apresenta como uma realidade opaca cujo conteúdo seria preciso desenvolver. Certamente, ele se manifesta como fonte da consciência, mas isso mesmo deveria nos fazer refletir: com efeito, por isso ele aparece velado, mal distinguido através da consciência, como um seixo no fundo da água – por isso mesmo é imediatamente enganador porque nós sabemos que nada, exceto a consciência, pode ser a fonte da consciência. Além disso, se o Eu faz parte da consciência, haverá, portanto, dois Eus: o Eu da consciência reflexiva e o Eu da consciência refletida. Fink[37], discípulo de Husserl, conhece ainda um terceiro, o Eu da consciência transcendental, liberado pela ἐποχή. Daí o problema dos três Eus, cujas dificuldades ele menciona não sem uma certa complacência. Para nós, esse problema é simplesmente insolúvel, pois não é admissível que se estabeleça uma comunicação entre o Eu reflexivo e o Eu refletido, se eles são elementos reais de consciência e, principalmente, que eles se identifiquem finalmente em um único Eu.

Como conclusão dessa análise parece-me que se pode fazer as seguintes constatações:

1ª) O Eu é um *existente*. Ele tem um tipo de existência concreta, diferente sem dúvida do tipo de existência das verdades matemáticas, das significações ou dos seres espaçotemporais, mas não menos real. Ele se dá a si mesmo como transcendente.

2ª) Ele se entrega a uma intuição de um tipo especial que o apreende por detrás da consciência refletida, de uma maneira sempre inadequada.

3ª) Ele nunca aparece, exceto por ocasião de um ato reflexivo.

---

36. As diversas espécies de evidências são definidas nas *Ideen I*, § 3, e também na primeira *Meditação cartesiana*, § 6.

37. FINK. *Die phänomenologische Philosophie E. Husserls in der gegenwärtigen Kritik*. Kantstudien (1933).

Nesse caso, a estrutura complexa da consciência é a seguinte: há um ato irrefletido de reflexão sem Eu que se dirige sobre uma consciência refletida. Esta se torna o objeto da consciência que reflete, sem cessar, no entanto, de afirmar seu objeto próprio (uma cadeira, uma verdade matemática etc.). Ao mesmo tempo um objeto novo aparece, que é a ocasião de uma afirmação da consciência reflexiva e que não está consequentemente nem sobre o mesmo plano da consciência irrefletida (porque esta é um absoluto que não tem necessidade da consciência reflexiva para existir) nem sobre o mesmo plano que o objeto da consciência irrefletida (cadeira etc.). Esse objeto transcendente do ato reflexivo é o Eu.

4ª) O Eu transcendente deve cair sobre o golpe da redução fenomenológica. O Cogito afirma demais. O conteúdo certo do pseudo "Cogito" não é "*eu tenho* consciência desta cadeira", mas "*existe* consciência desta cadeira". O conteúdo é suficiente para constituir um campo infinito e absoluto para as pesquisas da fenomenologia.

C) Teoria da *presença material* do Moi

Para Kant e para Husserl o Eu é uma estrutura formal da consciência. Nós tentamos mostrar que um Eu nunca é puramente formal, que ele é sempre, mesmo de maneira abstrata concebido, uma contração infinita do *Moi* material. Mas precisamos, antes de ir adiante, nos desembaraçar de uma teoria puramente psicológica que afirma, por razões psicológicas, a presença material do *Moi* em todas as nossas consciências. É a teoria dos moralistas do "amor-próprio". Segundo ele, se o amor por si – e consequentemente o *Moi* – seria dissimulado em todos os sentimentos sob mil formas diferentes. De uma maneira muito geral, o *Moi*, em função desse amor que ele se outorga, desejaria *para ele mesmo* todos os objetos que ele deseja. A estrutura essencial de cada um de meus atos seria uma *referência a mim mesmo*. O "Retorno para mim" seria constitutivo de toda consciência.

Objetar a esta tese que esse retorno a mim não está de forma alguma presente na consciência – por exemplo, quando tenho sede, e quero um copo de água e ele aparece para mim como desejável – não lhe causa problema: ela nos concederia isso de boa vontade. La Rochefoucauld é um dos primeiros a ter feito uso, sem nomeá-lo, do inconsciente: para ele o amor-próprio se *dissimula* sob as formas mais diversas. É preciso despistá-lo antes de apreendê-lo[38]. De uma forma mais genérica foi admitido em seguida que o *Moi*, se não está presente na consciência, está escondido atrás dela e que ele é o polo de atração de todas as nossas representações e de todos os nossos desejos. O *Moi* busca, portanto, obter o objeto para satisfazer seu desejo. Dito de outra forma, é o desejo (ou se preferimos o *Moi* desejante), que é dado como fim e o objeto desejado que é o meio.

Agora, o interesse desta tese nos parece ser que coloca em relevo um erro muito frequente dos psicólogos: ele consiste em confundir a estrutura essencial dos atos reflexivos com a dos atos irrefletidos[39]. Ignora-se que existem sempre duas formas de existência possível para uma consciência; e cada vez que as consciências observadas se dão como irrefletidas se lhes sobrepõe uma estrutura reflexiva a qual se pretende espantosamente que permaneça inconsciente.

Tenho piedade de Pedro e lhe presto socorro. Para minha consciência uma só coisa existe nesse momento: Pedro-devendo--ser-socorrido. Essa qualidade de "devendo-ser-socorrido" se encontra em Pedro. Ela age sobre mim como uma força. Aristóteles

---

38. "O amor-próprio é o amor de si mesmo, e de todas as coisas para si; ele torna os homens idólatras de si mesmos, e os tornaria tiranos dos outros se a fortuna lhes desse os meios; ele jamais repousa fora de si, e não se detém nos sujeitos alheios senão como abelhas sobre as flores, para tirar deles o que lhes é próprio. Nada mais impetuoso do que seus desejos, nada de mais oculto do que seus desígnios, nada mais hábil do que suas atitudes: suas flexibilidades não se podem representar, suas transformações superam as das metamorfoses, e seus refinamentos, os da química. Não se pode sondar a profundeza nem perceber as trevas de seus abismos" (LA ROCHEFOUCAULD. *Maximes*. Suplemento de 1693).

39. Sobre a dupla forma de existência sempre possível para uma consciência e garantia da autonomia do pré-reflexivo, cf. *O Ser e o Nada*, Introdução.

dissera: é o desejável que move o desejante. Neste nível o desejo[40] é dado à consciência como centrífugo (ele se transcende a si mesmo, ele é consciência tética do "devendo-ser" e consciência não tética de si mesmo) e impessoal (não existe *Moi*: estou diante da dor de Pedro como diante da cor deste tinteiro. Existe um mundo objetivo de coisas e de ações feitas ou a fazer, e as ações vêm aplicar-se como qualidades sobre as coisas que as reclamam). Ora, esse primeiro momento do desejo – supondo que ele não tenha escapado completamente aos teóricos do amor-próprio – não é considerado por eles como um momento completo e autônomo. Eles imaginaram por trás dele um outro estado que permanece na penumbra: por exemplo, eu socorro Pedro para fazer cessar o estado desagradável em que colocou-me a visão de seus sofrimentos. Mas esse estado desagradável não pode ser conhecido como tal e não se pode tentar suprimi-lo senão por meio de um ato de reflexão. Com efeito, um desagrado no plano irrefletido se transcende da mesma maneira que a consciência irrefletida de piedade. É a apreensão intuitiva de uma qualidade desagradável de um objeto. E, na medida em que pode acompanhar-se de um desejo, ele deseja não suprimir a *si mesmo*, mas suprimir o objeto desagradável[41]. De nada adianta, portanto, colocar por trás da consciência irrefletida de piedade um estado desagradável que se transformará na causa a prova funda do ato compadecido: se essa consciência de desagrado não se volta sobre si mesma para colocar-se por si como estado desagradável, ficaremos indefinidamente no impessoal e no irrefletido. Assim, portanto, sem sequer dar-se conta, os teóricos do amor-próprio supõem que o refletido é primeiro, original e dissimulado no inconsciente. É quase desnecessário demonstrar

---

40. A descrição fenomenológica do desejo é desenvolvida em *O Ser e o Nada* (p. 473-511).

41. Igualmente a emoção é um comportamento irrefletido, não inconsciente, mas consciente de si mesma não teticamente, e sua forma de ser teticamente consciente de si mesma está em transcender-se e apreender-se no mundo como uma qualidade das coisas. A emoção é uma "transformação do mundo", segundo o *Esboço de uma teoria das emoções* (p. 32-33).

o absurdo de uma tal hipótese. Mesmo que o inconsciente exista[42], quem acreditaria que ele oculta espontaneidades de forma refletida? A definição de refletido não supõe ser posto por uma consciência? Mas, além disso, como admitir que o refletido seja primeiro em relação ao irrefletido? Sem dúvida, pode-se conceber que uma consciência apareça imediatamente como refletida, em certos casos. Mas, mesmo então o irrefletido possui a prioridade ontológica sobre o refletido, porque ele não tem nenhuma necessidade de ser refletido para existir e a reflexão supõe a intervenção de uma consciência de segundo grau.

Chegamos portanto à seguinte conclusão: a consciência irrefletida deve ser considerada como autônoma[43]. É uma totalidade que não tem necessidade nenhuma de ser completada e nós devemos reconhecer sem mais que a qualidade do desejo irrefletido é de transcender-se apreendendo do objeto a qualidade de desejável. Tudo se passa como se vivêssemos em um mundo em que os objetos, além de suas qualidades de calor, odor, forma etc. tivessem qualidades de repulsivos, atraentes, agradáveis, úteis etc. etc., e como se essas qualidades fossem forças que exercessem sobre nós alguma influência. No caso da reflexão, e unicamente nesse caso, a afetividade é posta por si mesma como desejo, temor etc.; somente no caso da reflexão eu posso pensar "*Eu* odeio Pedro", "tenho pena de Paulo etc." Portanto, ao contrário do que tem sido afirmado, é sobre esse plano que se situa a vida egoísta, e sobre o plano irrefletido que se situa a vida impessoal (o que, naturalmente, não quer dizer que toda a vida reflexiva seja necessariamente egoísta, nem que toda a vida irrefletida seja necessariamente altruísta). A reflexão "envenena", o

---

42. Sobre o problema colocado pelo inconsciente freudiano, veja, em *O Ser e o Nada*, o capítulo "A má-fé", p. 92-100; e a 4ª parte, cap. 2, 1: "A psicanálise existencial", p. 682-703. Dirigir-se também à nota 74, adiante.

43. Sartre insistirá sempre nessa autonomia da consciência irrefletida, que encontra seu fundamento na intencionalidade essencial das consciências. Essa concepção da prioridade ontológica do irrefletido sobre o refletido permanece central em suas obras posteriores, particularmente *O imaginário* (a imagem é uma evidência antepredicativa), a *Teoria das emoções*, *O imaginário*, e *O Ser e o Nada*, pois ela constitui o único meio radical de eliminar todo idealismo.

desejo[44]. No plano irrefletido eu presto socorro a Pedro porque Pedro tornou-se "devendo-ser-socorrido". Mas se meu estado se transforma de repente em estado refletido, eis-me então no ato de me olhar agir no sentido em que se diz que alguém se ouve falar. Já não é mais Pedro que me atrai, mas *minha* consciência compassiva que me aparece como devendo ser perpetuada. Mesmo que eu pense apenas que devo realizar minha ação porque "isso é bom", o bem qualifica *minha* atitude, *minha* piedade etc. A psicologia de La Rochefoucauld conserva seu lugar. Contudo, ela não é *verdadeira*: não é culpa minha se minha vida reflexiva envenena "por sua essência" minha vida espontânea, além do que a vida reflexiva supõe em geral a vida espontânea. Antes de ser "envenenados" meus desejos eram puros; é o ponto de vista que assumi sobre eles que os envenenou. A psicologia de La Rochefoucauld só é verdadeira para os sentimentos particulares que extraem sua origem da vida reflexiva, quer dizer, que se dão inicialmente como *meus sentimentos*, em vez de se transcender inicialmente rumo a um objeto.

Assim, o exame puramente psicológico da consciência "intramundana" nos leva às mesmas conclusões que nosso estudo fenomenológico: o *Moi* não deve ser procurado *em* estados de consciência irrefletidos e nem *por trás* deles. O *Moi* aparece somente com o ato reflexivo e como correlativo noemático[45] de uma intenção reflexiva. Nós começamos a entrever que o Eu e o *Moi*

---

44. Da mesma maneira que o perverso, substituindo seu desejo em si como desejável por este-objeto-desejável, evenena-o por isso mesmo, imediatamente. De qualquer modo, o faz sofrer uma alteração fundamental em relação ao desejo ingênuo (cf. *O Ser e o Nada*, p. 479).

45. Os termos *"noême"* (noemático) e *"noèse"* vêm da fenomenologia de Husserl. Cf. *Ideen I*, 3ª seção, cap. 3. Sartre dá aos termos uma definição voluntariamente simplificada em *L'Imagination* (*A imaginação*), cap. 4. p. 153ss.: "A fenomenologia, tendo colocado o mundo entre parêntesis, não o perdeu por isso. A distinção consciência-mundo perdeu seu sentido. No presente, o corte se faz de outro modo; distingue-se o conjunto dos elementos reais da consciência (a *hylé* e os diferentes atos intencionais que a exprimem) e por outro lado o sentido que habita essa consciência. A realidade psíquica concreta será denominada *noèse* e o sentido que vem habitá-la *noême*. Por exemplo, "árvore-em-flor-percebida" é *noême* da percepção que tenho neste momento. Mas esse sentido "noemático" que pertence a cada consciência real não é, em si, nada de real".

formam uma unidade. Tentaremos mostrar que esse Ego, do qual o Eu e o *Moi* não são mais do que duas faces, constitui a unidade ideal (noemática) e indireta da serie infinita de nossas consciências refletidas.

O Eu é o Ego como unidade das ações. O *Moi* é o Ego como unidade dos estados e das qualidades. A distinção que se estabelece entre esses dois aspectos de uma mesma realidade nos parece simplesmente funcional, para não dizer gramatical.

II
A CONSTITUIÇÃO DO EGO

O Ego não é diretamente unidade das consciências refletidas. Existe uma unidade *imanente* dessas consciências, é o fluxo da consciência se constituindo a si mesma como unidade de si mesma[c] – e uma unidade *transcendente*: os estados e as ações. O Ego é unidade dos estados e das ações – facultativamente das qualidades. Ele é unidade de unidades transcendentes e ele mesmo transcendente. É um polo transcendente de unidade sintética, como o polo-objeto da atitude irrefletida. Mas esse polo aparece apenas no mundo da reflexão. Nós examinaremos sucessivamente a constituição dos *estados*, das *ações* e das *qualidades* e a aparição do *Moi* como polo dessas transcendências[46].

A) Os *estados* como unidades transcendentes das consciências

O *estado* aparece à consciência reflexiva. Ele se dá a ela e constitui o objeto de uma intuição concreta. Se eu odeio Pedro, meu ódio por Pedro é um estado que eu posso apreender pela reflexão. Esse estado está *presente* diante do olhar da consciência reflexiva, ele é *real*. Deve-se concluir daí que ele seja imanente e certo? Claro que não. Não devemos fazer da reflexão um poder misterioso e infalível, nem creio que tudo o que a reflexão alcança seja indubitável *porque* alcançado pela reflexão. A reflexão tem limites de direito e de fato. É uma consciência que põe uma consciência. Tudo o que ela afirma sobre esta consciência é certo e adequado. Mas se outros objetos lhe aparecem por meio dessa consciência, esses

---

c. Cf. *Zeitbewusstsein*, passim.

46. O problema da relação do Ego com os estados, as ações e as qualidades, que tematiza essa segunda parte, será retomado brevemente em *O Ser e o Nada* no capítulo "A temporalidade", p. 221ss.

objetos não têm razão alguma de participar das características da consciência. Consideremos uma experiência reflexiva de ódio[47]. Eu vejo Pedro, e sinto como que um tremor profundo de repulsa e de cólera à sua vista (já estou sobre o plano reflexivo): o tremor é consciência. Não posso enganar-me quando digo: eu sinto nesse momento uma violenta repulsa por Pedro. Mas esta experiência de repulsa é o ódio? Evidentemente não. Além do mais, ela não se dá como tal. Com efeito, eu odeio Pedro há muito tempo e penso que o odiarei para sempre. Uma consciência instantânea de repulsa não poderia, portanto, ser meu ódio. Mesmo que eu a limitasse ao que ela é, a uma instantaneidade, já não poderia mais falar de ódio. Eu diria: "Tenho repulsa por Pedro *neste momento*" e dessa forma não comprometo o futuro. Mas, precisamente por essa recusa de comprometer o futuro, eu deixaria de odiar.

Ora, meu ódio me aparece ao mesmo tempo que minha experiência de repulsa. Mas ele aparece *através* dessa experiência. Ele se dá precisamente como não se limitando a essa experiência. Ele se dá, *em* e *por* cada movimento de desgosto, de repulsa e de cólera, mas ao mesmo tempo ele *não é* nenhum deles, ele escapa a cada um enquanto afirma a sua permanência. Afirma que já aparecia ontem quando pensei em Pedro com tanto furor e que aparecerá amanhã. Ele opera por si mesmo, ademais, uma distinção entre *ser* e *aparecer*, uma vez que se dá como constituinte de *ser* mesmo quando estou absorvido em outras ocupações e nenhuma consciência o revela. Isso parece o bastante para poder afirmar que o ódio não é *da* consciência. Ele ultrapassa a instantaneidade da consciência e não se dobra à lei absoluta da consciência pela qual não existe distinção possível entre a aparência e o ser. Assim, o ódio é um objeto transcendente. Cada *"erlebnis"*[48] o revela inteiramente, mas, ao mesmo tempo, isso é apenas um perfil, uma projeção (uma *"Abschattung"*). O

---

47. Cf. o ódio como possibilidade de minha relação com outrem (*O Ser e o Nada*, p. 509ss.).

48. *Erlebnis*:   experiência vivida
                 vivência intencional
Para a significação desse termo, em uma nota de *L'Imagination* (p. 144), Sartre remete às *Ideen*, § 36, e acrescenta: *"Erlebnis*, termo intraduzível em francês, vem

ódio é um crédito para uma infinidade de consciências coléricas ou repugnadas, no passado e no futuro. É a unidade transcendente dessa infinidade de consciências. Assim, dizer "eu odeio" ou "eu amo", por ocasião de uma consciência singular de atração ou de repulsa, equivale a operar uma verdadeira passagem ao infinito bastante análoga àquela que operamos quando percebemos *um* tinteiro ou *o azul* do buvar.

Não é preciso mais do que isso para que os direitos da reflexão sejam singularmente limitados: é certo que Pedro me repugna, mas é e será sempre duvidoso que eu o odeie[49]. Essa afirmação ultrapassa infinitamente, com efeito, o poder da reflexão. Não é preciso concluir, naturalmente, que o ódio seja uma simples hipótese, um conceito vazio: é um objeto bem real, que eu apreendo através da *"Erlebnis"*, mas esse objeto está fora da consciência e a natureza mesma de sua existência implica sua "dubitabilidade". Também a reflexão possui um domínio certo e um domínio duvidoso, uma esfera de evidências adequadas e uma esfera de evidências inadequadas. A reflexão pura (que não é, no entanto, necessariamente a reflexão fenomenológica) atém-se sem erigir pretensões para o futuro. É o que se pode ver quando alguém, depois de dizer em sua cólera: "eu te detesto", recompõe-se e diz: "Não é verdade, eu não te detesto, eu disse isso em minha cólera". Vemos aqui duas reflexões: uma, impura e cúmplice, que opera uma passagem ao infinito nesse caso e que constitui bruscamente o ódio através da "Erlebnis" como seu transcendente; a outra, pura, simplesmente descritiva, que desarma a consciência irrefletida devolvendo-lhe sua instantaneidade. Essas duas reflexões apreenderam os mesmos dados verdadeiros, mas uma afirmou *mais* do que sabia e

---

do verbo erleben. 'Etwas *erleben'* significa 'viver alguma coisa'. *Erlebnis* teria, mais ou menos, o sentido de 'vivência' no sentido em que o entendem os bergsonianos".

49. "O certo" e "O provável" constituem as duas grandes partes do estudo sobre *L'Imaginaire*. São certas somente minhas "consciências-de", em seu movimento espontâneo de elã rumo às coisas; o paradoxo dessas consciências de primeiro grau é que elas se apreendem ao mesmo tempo como interioridades puras e como explosões rumo às coisas, externamente. Fora destas, todo objeto, como objeto *para* a consciência, quer seja meu ódio ou esta mesa, continuará sendo sempre duvidoso, pois nenhuma intuição poderá jamais entregá-lo a mim de uma vez por todas em sua totalidade.

dirigiu-se através da consciência refletida sobre um objeto situado fora da consciência.

Quando deixamos o domínio da reflexão pura ou impura e meditamos sobre seus resultados, somos tentados a confundir o sentido transcendente da *"Erlebnis"* com seu caráter imanente. Essa confusão leva o psicólogo a dois tipos de erros: em um deles, eu concluo que a introspecção é enganosa, pelo fato de, muitas vezes, enganar-me em meus sentimentos, chegando a crer, por exemplo, que amo quando odeio; nesse caso, separo definitivamente meu *estado* de suas aparições; estimo que é necessária uma interpretação simbólica de todas as aparições (consideradas como símbolos) para determinar o sentimento e suponho uma relação de causalidade entre o sentimento e suas aparições: eis aqui o inconsciente que reaparece – e no outro caso, por eu saber, ao contrário, que minha introspecção é justa, que não posso duvidar de minha consciência de repulsa, pois eu a tenho, creio-me autorizado a transportar essa certeza para o sentimento, e concluo que meu ódio possa encerrar-se na imanência e na adequação de uma consciência instantânea.

O ódio é um *estado*. E com esse termo tentei exprimir o caráter de passividade que lhe é constitutivo. Sem dúvida, dir-se-á que o ódio é uma força, um impulso irresistível etc. Mas a corrente elétrica ou a queda d'água também são forças temíveis: isso elimina minimamente a passividade e a inércia de sua natureza? Daí receberiam eles menos sua energia *de fora*? A passividade de uma coisa espaçotemporal se constitui a partir de sua relatividade existencial. Uma existência relativa não pode ser mais que passiva, já que a menor atividade a liberaria do relativo e a constituiria como absoluto. Da mesma forma o ódio, existência relativa à consciência reflexiva, é *inerte*. E, naturalmente, falando da inércia do ódio, não pretendemos dizer nada mais senão que ele *aparece* dessa forma à consciência. Não dizemos com efeito: "Meu ódio foi despertado...", "Seu ódio era combatido pelo desejo violento de... etc."? As lutas do ódio contra a moral, a censura etc. não são representados como conflitos de forças *físicas*, a ponto inclusive de Balzac e a maioria dos romancistas (às vezes o próprio Proust) aplicarem aos estados o princípio da independência das forças?

Toda a psicologia dos estados (e a psicologia não fenomenológica em geral) é uma psicologia do inerte.

O estado é dado de algum modo como intermediário entre o corpo (a "coisa" imediata) e a "Erlebnis". Apenas que ele não é dado como atuando da mesma maneira do lado do corpo e do lado da consciência. Do lado do corpo, sua ação é francamente causal. Ele e a causa de minha mímica, causa de meus gestos: "Por que você foi tão desagradável com Pedro?" "*Porque* eu o detesto". Mas ele não poderia ser assim (exceto nas teorias construídas *a priori* e com conceitos vazios, como o freudismo) do lado da consciência. Em nenhum caso, com efeito, a reflexão pode enganar-se sobre a espontaneidade da consciência refletida: é o domínio da certeza reflexiva. Também a relação entre o ódio e a consciência instantânea de desgosto é construída de maneira a lidar, ao mesmo tempo, com as exigências do ódio (ser primeiro, ser *origem*) e os dados certos da reflexão (espontaneidade): a consciência de desgosto aparece à reflexão como uma emanação espontânea do ódio. Nós vemos aqui pela primeira vez esta noção de *emanação*, tão importante cada vez que se trata de ligar os estados psíquicos inertes às espontaneidades da consciência. A repulsa se dá, de certo modo, como produzindo-se ela própria *por ocasião* do ódio e *às expensas* do ódio. O ódio aparece através dela como aquilo de que ela emana. É fácil reconhecermos que a relação do ódio com a *"Erlebnis"* particular de repulsa não é lógica. É um vínculo mágico, seguramente[50]. Mas quisemos apenas dar uma descrição e, quanto ao mais, veremos logo que é em termos exclusivamente mágicos que se deve falar das relações do eu com a consciência.

B) Constituição das *ações*

Não tentaremos estabelecer uma distinção entre consciência *ativa* e a consciência simplesmente espontânea. Parece-nos, por outro lado, que é um dos problemas mais difíceis da fenomenolo-

---

50. Sartre constata aqui pela primeira vez a aparição de processos mágicos na consciência. Ele analisará (em 1939) a conduta mágica singular que é a emoção, fuga irrefletida de uma consciência diante de um mundo que a invade violentamente e que ela gostaria de aniquilar.

gia. Gostaríamos simplesmente de observar que a ação concertada é antes de tudo (qualquer que possa ser a natureza da consciência ativa) um transcendente. Isso é evidente para ações como "tocar piano", "conduzir um automóvel", "escrever", porque essas ações são "tomadas" no mundo das coisas. Mas as ações puramente psíquicas como duvidar, raciocinar, meditar, fazer uma hipótese, devem, também elas, ser concebidas como transcendências. O enganoso aqui é que a ação não é apenas a unidade noemática de um fluxo de consciência: é também uma realização concreta. Mas não se pode esquecer que a ação demanda tempo para se realizar. Ela possui as articulações, momentos. A esses momentos correspondem consciências concretas ativas e a reflexão que se dirige sobre as consciências apreende a ação total em uma intuição que a entrega como a unidade transcendente das consciências ativas. Nesse sentido, pode-se dizer que a dúvida espontânea que me invade quando entrevejo um objeto na penumbra é uma *consciência*, mas a dúvida metódica de Descartes é uma ação, quer dizer, um objeto transcendente da consciência reflexiva. Vê-se aqui o perigo: quando Descartes diz: "Duvido, logo existo", trata-se da dúvida espontânea que a consciência reflexiva apreende em sua instantaneidade, ou trata-se justamente da *empresa* de duvidar? Essa antiguidade, já o vimos, pode ser a fonte de graves erros.

C) As qualidades como unidades facultativas dos estados

O Ego, como veremos, é diretamente a unidade transcendente dos estados e das ações. No entanto, pode haver um intermediário entre esses e aquelas: é a qualidade. Quando nós experimentamos diversas vezes ódio em relação a diferentes pessoas, ressentimentos tenazes ou longa cólera, nós unificamos essas diversas manifestações intencionando uma disposição psíquica de produzi-las. Esta disposição psíquica (eu sou muito rancoroso, sou capaz de odiar violentamente, sou colérico) é, naturalmente, algo mais, e uma coisa diferente, do que um simples meio. É um objeto transcendente. Representa o substrato dos estados como os estados representam o substrato das *"Erlebnisse"*. Mas sua relação com os sentimentos não é uma relação de emanação. A emanação liga apenas as consciências às passividades psíquicas. A relação da qualidade com o estado (ou a ação) é uma relação de atualização. A qualidade é dada como uma potencialidade, uma virtude que, sobre a influência de fatores diversos, pode passar à atualidade. Sua atualidade é precisamente o estado (ou a ação). Vê-se a diferença essencial entre a qualidade e o estado. O estado é unidade noemática de espontaneidades, a qualidade é unidade de passividades objetivas. Na ausência de toda consciência de ódio, o ódio se dá como existente em ato. Ao contrário, na ausência de todo sentimento de rancor, a qualidade correspondente permanece uma potencialidade. A potencialidade não é simples possibilidade[51]: ela se apresenta como alguma coisa que existe realmente, mas cujo modo de existência é ser em potência. São desse tipo naturalmente os defeitos, as virtudes, os gostos, os talentos, as tendências, os instintos etc. Essas unificações são sempre possíveis. A influência de ideias preconcebidas e de fatores sociais é aqui preponderante. Por outro lado, elas não são jamais indispensáveis, porque os estados e as ações podem encontrar diretamente no ego a unidade que reclamam.

D) Constituição do Ego como polo das ações, dos estados e das qualidades

Aprendemos assim a distinguir o "psíquico"[52] da consciência. O psíquico é o objeto transcendente da consciência reflexiva[d], e

---

51. O possível, cf. *O Ser e o Nada*: "O para-si e o ser dos possíveis", p. 147ss. A potencialidade. Id., p. 249ss.

d. Mas ele também pode ser visado e alcançado através da percepção dos comportamentos. Pretendemos nos explicar alhures[52] sobre a identidade de fundo de *todos* os métodos psicológicos.

52. Sartre remete aqui ao seu tratado de psicologia fenomenológica intitulado *La Psyché*, escrito em 1937-1938. Tendo descoberto a noção de "objeto psíquico", tal como é esboçada no estudo sobre o Ego, ele a desenvolveu aplicando-a a diversos estados ou sentimentos. Mas essa psicologia não o satisfez, particularmente porque faltava-lhe ainda a ideia de nadificação (*néantisation*), que será descoberta em *O Ser e o Nada*. *La Psyché*, foi, portanto, abandonada. Apenas um extrato dela foi publicado em 1939: trata-se de *Esquisse d'une théorie des émotions* (Esboço de uma teoria das emoções).
Sobre esse ponto, veja as indicações dadas por Simone de Beauvoir, em *La force de l'âge* (A força da idade), p. 326.

também o objeto da ciência chamada psicologia. O Ego aparece à reflexão como um objeto transcendente que realiza a síntese permanente do psíquico. O Ego está *do lado* do psíquico[53]. Observemos aqui que o Ego que consideramos é psíquico e não psicofísico. Não é por meio de uma abstração que separamos esses dois aspectos do Ego. O *Moi* psicofísico é um enriquecimento sintético do Ego psíquico, que pode muito bem (e sem redução de nenhuma espécie) existir em estado livre. É certo, por exemplo, que, quando se diz: "Eu sou um indeciso", não se visa diretamente o *Moi* psicofísico.

Seria tentador constituir o Ego como "polo-sujeito" como o "polo-objeto" que Husserl situa no centro do núcleo noemático. Esse polo-objeto é um X que suporta as determinações.

"Predicados são predicados de *"alguma coisa"*; esse "alguma coisa" pertence também ao núcleo em questão e é óbvio que não pode separar-se dele. Ele é o ponto de unidade central do qual falamos mais acima. É o ponto de ligação dos predicados, seu suporte; mas não é absolutamente unidade dos predicados, no sentido de um complexo qualquer, de uma ligação qualquer de predicados. Deve ser necessariamente distinto deles, embora não se possa colocá-lo à parte, nem separá-lo deles. São, então, *seus* predicados: impensáveis sem ele e, no entanto, distintos dele"[e]. Desse modo, Husserl entende indicar que considera as coisas como sínteses ao

---

53. *O Ser e o Nada* é a sequência explícita das conclusões desse ensaio. No capítulo intitulado "O Eu e o Circuito da Ipseidade" o Ego passa definitivamente para o lado do em-si, que se torna a razão de ser de sua transcendência, tal como é estabelecida aqui. "Tentamos mostrar em um artigo das *Recherches philosophiques (Investigações filosóficas)* que o Ego não pertence ao domínio do para-si. Não retornaremos a isso. Observemos aqui somente a razão da transcendência do Ego: como polo unificador das *"Erlebnisse"*, o Ego é em-si, não para-si. Se ele fosse "da consciência", com efeito, seria por si mesmo seu próprio fundamento na translucidade do imediato. Mas então seria algo que não seria e não seria o que seria – o que não é, de modo algum, o modo de ser do Eu. Com efeito, minha consciência do Eu jamais o esgota, e tampouco é ela que o faz vir à existência: ele se dá sempre como *tendo sido* aí antes dela – e, ao mesmo tempo, como possuidor de profundidades que hão de revelar-se pouco a pouco. Assim, o Ego aparece à consciência como um em-si transcendente, um existente do mundo humano, e não como *da* consciência" (p. 155).

e. *Ideen*, § 131, p. 270.

menos idealmente analisáveis. Sem dúvida, essa árvore, essa mesa são complexos sintéticos e cada qualidade está ligada a todas as outras. Mas está ligada *na medida em que cada uma pertence ao mesmo objeto X*. O que é logicamente primeiro são as relações unilaterais segundo as quais cada qualidade pertence (direta ou indiretamente) a esse X comum predicado a um sujeito. Disso resulta que uma análise é sempre possível. Essa concepção é muito discutível[54]. Mas não é aqui o lugar de examiná-la. O que nos importa é que uma totalidade sintética indissolúvel e que se suportasse a si mesma não teria necessidade alguma de um suporte X, com a condição, naturalmente, de que fosse real e concretamente inanalisável. É inútil, por exemplo, se tomarmos em consideração uma melodia, supor um X que serviria de suporte às diferentes notas[55]. A unidade vem aqui da indissolubilidade absoluta dos elementos que não podem ser concebidos separadamente, exceto por abstração. O sujeito do predicado será aqui a totalidade concreta, e o predicado será uma qualidade abstratamente separada da totalidade e que adquire todo o seu sentido somente se a ligarmos à totalidade[f].

Por essas mesmas razões não nos permitiremos ver no Ego uma espécie de polo X que seria o suporte dos fenômenos psíquicos. Um tal X seria, por definição, indiferente às qualidades psíquicas das quais seria o suporte. Mas o Ego, como veremos, jamais é indiferente a seus estados, está "comprometido" por eles. Ora, precisamente um suporte não pode estar assim comprometido por aquilo que ele suporta senão no caso de ser uma totalidade concreta que suporte e contenha suas próprias qualidades. O Ego nada é fora da totalidade concreta dos estados e das ações que ele suporta. Sem dúvida, ele é transcendente a todos os estados que

---

54. Porque não é absolutamente certo que, na percepção de uma coisa, cada consciência (das qualidades desta coisa) se reporte de cara a alguma coisa diferente de si. De fato, não é nem um pouco, pois precisamente há uma autonomia da consciência irrefletida.

55. Husserl toma como exemplo a melodia nas *Leçons sur la conscience interne du temps (Lições sobre a consciência interna do tempo)*, § 14 (Trad. p. 51-52).

f. Husserl conhece, ademais, muito bem esse tipo de totalidade sintética, à qual dedicou um estudo notável: *L.U.* II, *Untersuchung III.*

unifica, mas não como um X abstrato cuja missão é apenas unificar: em vez disso, é a totalidade infinita dos estados e das ações que não se deixa jamais reduzir a *uma* ação ou a *um* estado. Se fôssemos buscar uma equivalência para a consciência irrefletida daquilo que o Ego é para a consciência do segundo grau, pensaríamos antes que seria necessário pensar o *Mundo* concebido como a totalidade sintética infinita de todas as coisas. Desse modo, com efeito, podemos apreender o Mundo para além de nosso ambiente circundante imediato como uma vasta existência concreta. Nesse caso as coisas que nos rodeiam aparecem apenas como a extrema ponta desse Mundo que as transcende e as engloba. O Ego é para os objetos psíquicos o que o Mundo é para as coisas. Apenas que a aparição do Mundo como fundo das coisas é bastante rara; são necessárias circunstâncias especiais (muito bem descritas por Heidegger em *Sein und Zeit*) para que ele se "desvele"[56]. O Ego, ao contrário, aparece sempre no horizonte dos estados. Cada estado, cada ação se dá como incapaz de ser separada do Ego, sem abstração. E se o juízo separa o *Eu* de seu estado (como na frase: *Eu* estou apaixonado), não pode fazê-lo senão para ligá-lo imediatamente. O movimento de separação conduziria a uma significação vazia e falsa se não se desse a si mesmo como incompleto e não se completasse por meio de um movimento de síntese.

Essa totalidade transcendente participa do caráter duvidoso de toda transcendência; quer dizer que tudo aquilo que nos é dado por nossas intuições do Ego pode sempre ser contradito por intuições subsequentes, e é assim que se dá. Por exemplo, posso ver com clareza que sou colérico, ciumento etc., e no entanto posso enganar-me. Em outras palavras, eu posso enganar-me pensando que tenho um *tal Moi*. O erro, ademais, não se comete no nível do juízo, mas já no nível da evidência prejulgada.

Esse caráter duvidoso de meu Ego – o mesmo erro intuitivo que cometo – não significa que eu tenha um *verdadeiro Moi*

---

56. Para que o mundo apareça por detrás das coisas é preciso que se desfaçam nossas categorias habituais de apreensão do mundo. Com efeito, captá-las nos permite ver apenas o mundo espaçotemporal da ciência. Mas acontece de, repentinamente, um outro mundo surgir, presença nua, por trás dos instrumentos quebrados.

que ignoro, mas apenas que o Ego intencionado traz em si mesmo o caráter da dubitabilidade (em certos casos o da falsidade). Não está excluída a hipótese metafísica segundo a qual meu Ego não se comporia de elementos que existiram na realidade (há dez anos ou há um segundo), mas se constitui apenas de falsas recordações. O poder do *malin génie* estende-se até aí.

Mas se é da natureza do Ego ser um objeto *duvidoso*, disso não se pode concluir que seja *hipotético*. Com efeito, o Ego é a unificação transcendente espontânea de nossos estados, de nossas ações. Como tal, ele não é uma hipótese. Eu não digo: "Pode ser que eu tenha um Ego", como posso dizer: "Pode ser que eu odeie Pedro". Não busco aqui um *sentido* unificador de meus estados. Quando eu unifico minhas consciências sob a rubrica "ódio", acrescento-lhes um certo sentido, eu as qualifico. Mas quando eu incorporo meus estados à totalidade concreta *Moi*, eu não lhes acrescento nada. É que, com efeito, a relação entre o Ego e as qualidades, os estados e as ações não é nem uma relação de emanação (como a relação entre a consciência e o sentimento), nem uma relação de atualização (como a relação entre a qualidade e o estado). É uma relação de produção poética (no sentido de ποιεῖν), ou, se se preferir, de criação.

Cada um, reportando-se aos resultados de sua intuição, pode constatar que o Ego se dá como produzindo seus estados. Empreenderemos aqui uma descrição desse Ego transcendente tal como se revela à intuição. Partimos, portanto, deste fato inegável: cada novo estado está ligado diretamente (ou indiretamente pela qualidade) ao Ego como à sua origem. Esse modo de criação é, efetivamente, uma criação *ex nihilo*, no sentido de que o estado não é dado como tendo sido antes no *Moi*. Mesmo se o ódio se dá como atualização de uma certa potência de rancor ou de ódio, ele permanece alguma coisa de novo em relação à potência que atualiza. Assim o ato unificador da reflexão religa cada novo estado de uma maneira muito especial à totalidade concreta *Moi*. A reflexão não se limita a apreender o novo estado como alcançando essa totalidade, fundindo-se com ela: ela intenciona uma relação que atravessa o tempo inversamente e que dá o *Moi* como a fonte do estado. O mesmo acontece, naturalmente, para as ações em relação ao Eu. Quanto às qualidades, embora elas *qualifiquem* o *Moi*, elas não se dão como alguma coisa por meio de que ele existiria (como é o caso, por exemplo, para um agregado: cada pedra, cada tijolo existe por si mesmo e seu agregado existe em razão de cada uma dessas coisas). Mas, ao contrário, o Ego mantém suas qualidades por uma verdadeira criação contínua. No entanto, não apreendemos o Ego como se fosse, finalmente, uma fonte criadora pura do lado de cá das qualidades. Não nos parece que poderíamos chegar a um polo esquelético caso retirássemos, uma a uma, todas as qualidades. Se o Ego aparece para lá de cada qualidade ou mesmo de todas, é porque ele é opaco como um objeto: seria-nos necessário proceder a um desnudamento infinito para retirar todas as suas potências. E ao termo desse desnudamento não sobraria mais nada, o Ego se teria esvaído. O Ego é criador de seus estados e sustenta suas qualidades na existência por uma espécie de espontaneidade conservadora. Não se deveria confundir essa espontaneidade criadora ou conservadora com a Responsabilidade, que é um caso especial e produção criadora a partir do Ego. Seria interessante estudar os diversos tipos de processão do Ego a seus estados. Trata-se, na maior parte do tempo, de uma processão mágica. Outras vezes ela pode ser racional (no caso da vontade refletida, por exemplo). Mas sempre com um fundo de ininteligibilidade, cuja razão daremos em breve. Com as diferentes consciências (pré-lógicas, infantis, esquizofrênicas, lógicas etc.) a nuança da criação varia, mas permanece sempre uma produção poética. Um caso muito particular e de um interesse considerável é o da psicose de influência. O que quer dizer o doente com estas palavras: *"Fazem-me pensar coisas ruins"*? Nós tentaremos analisar isso em outra obra[57]. Notemos aqui, no entanto, que a espontaneidade do Ego não é negada: ela é de alguma maneira *enfeitiçada*[58], mas permanece.

Essa espontaneidade, no entanto, não deve ser confundida com a da consciência. Com efeito, o Ego, sendo objeto, e trata-se

---

57. Trata-se, novamente, de *La Psyche (A Psique)*. Veja a nota 52.

58. Assim o desejo é descrito por Sartre em *O Ser e o Nada* como uma "conduta de feitiço" (p. 488).

por. Tanto de uma pseudoespontaneidade que encontraria símbolos convenientes na manifestação súbita de uma fonte, de um gêiser etc. Quer dizer, trata-se de uma aparência apenas. A verdadeira espontaneidade deve ser perfeitamente clara: ela *é* aquilo que produz e não pode ser nada diferente. Ligada sinteticamente a alguma coisa distinta de si mesma, ela envolveria, com efeito, alguma obscuridade e mesmo certa passividade na transformação. Seria necessário, com efeito, admitir uma passagem *de si mesma* a *outra coisa*, o que suporia que a espontaneidade se escapa a si mesma. A espontaneidade do Ego se escapa a si mesma, já que o ódio do Ego, embora não possa existir por si só, possui apesar de tudo uma certa independência em relação ao Ego. De modo que o Ego é sempre sobrepassado por aquilo que produz, mesmo que, de outro ponto de vista, ele *seja* aquilo que produz. Daí, os assombros clássicos tais como: *"Eu*, fui capaz de fazer isso!?"*, "Eu*, pude odiar meu pai!?" etc. etc. Aqui, evidentemente, o conjunto concreto do *Moi* observado internamente até esse dia sobrecarrega esse Eu produtor e o mantém um pouco atrás do que acaba de produzir. O vínculo do Ego aos seus estados permanece, portanto, uma espontaneidade ininteligível[59]. É esta espontaneidade que Bergson descreveu nos *Dados imediatos da consciência*, é ela que ele toma pela liberdade sem dar-se conta de que descreve um *objeto* e não uma consciência e que a ligação que estabelece é perfeitamente irracional, porque o produtor é passivo em relação à coisa criada. Por irracional que seja, essa ligação não deixa de ser aquela que constatamos na intuição do Ego. E o seu sentido é: o Ego é um objeto apreendido, mas também *constituído* pela ciência reflexiva. É um núcleo virtual de unidade, e a consciência o constitui em *sentido inverso* do que segue a produção real: o que é primeiro *realmente* são as consciências, através das quais se constituem os estados, depois, através destes, o Ego. Mas, como a ordem é revertida por uma consciência que se aprisiona no Mundo para

---

59. "É essa ambiguidade que põe em claro a teoria de Bergson sobre a consciência que dura e que é 'multiplicidade de interpenetração'. O que Bergson alcança aqui é o psíquico, não a consciência entendida como Para-si" (*O Ser e o Nada*, p. 226).

fugir de si própria, as consciências são dadas como imanando dos estados e os estados como produzidos pelo Ego[60]. Segue-se que a consciência projeta sua própria espontaneidade no objeto Ego para lhe conferir o poder criador que lhe é absolutamente necessário. Somente essa espontaneidade, *representada e hipostaseada* em um objeto, torna-se uma espontaneidade bastarda e degradada que conserva magicamente sua potência criadora ao mesmo tempo em que se torna passiva. Daí a irracionalidade profunda da noção de Ego. Conhecemos outros aspectos degredados da espontaneidade consciente. Citarei apenas um: uma mímica expressiva[61] e fina pode nos apresentar a *"Erlebnis"* de nosso interlocutor com todo seu sentido, todas as suas nuanças, todo seu frescor. Mas ela no-la apresenta *degradada*, quer dizer, *passiva*. Estamos deste modo rodeados de objetos mágicos que guardam como que uma recordação da espontaneidade da consciência, mas sem deixarem de ser objetos do mundo. Eis por que o homem é sempre um feiticeiro para o homem. Com efeito, esta ligação poética de duas passividades em que uma cria a outra espontaneamente, é o fundo mesmo da feitiçaria, é o sentido profundo da "participação". Eis também por que somos feiticeiras para nós mesmos, cada vez que consideramos nosso *Moi*.

Em virtude dessa passividade, o Ego é suscetível de ser *afetado*. Nada pode agir sobre a consciência, porque ela é causa de si. Mas, ao contrário, o Ego produtor sofre, em retorno, o choque daquilo que produz. Ele fica "comprometido"[62] por aquilo que produz. Aqui a relação se inverte: a ação ou o estado se volta sobre o Ego para qualificá-lo. Isso nos leva de volta à relação de participação. Todo novo estado produzido pelo Ego tinge e

---

60. É por isso que o Ego desempenha um papel tão grande no aprisionamento da consciência em-si, ou seja, nas condutas de má-fé (cf. *O Ser e o Nada*, 1ª parte, cap. 2, p. 92-118).

61. Sartre analisará em *L'Imaginaire* (*O Imaginário*) as implicações dos jogos da consciência que procedem à reificação do sentido. A mímica expressiva, por exemplo, pode envolver uma relação de posse, no sentido mágico, entre o sentido a ser veiculado e a matéria onde ele se prende (rosto, carne, corpo): "Um imitador é um possuído" (p. 45).

62. Assim, "o desejo me compromete; sou cúmplice de meu desejo" (*O Ser e o Nada*, p. 482).

matiza o Ego no momento em que o Ego o produz. O Ego é, de algum modo, enfeitiçado por essa ação, ele participa dela. Não é o crime cometido por Raskolnikoff que se incorpora ao Ego deste. Ou melhor, para ser exato, é o crime, mas sob uma forma condensada, sob a forma de um golpe mortal. Assim, tudo o que o Ego produz deixa nele sua impressão. Devemos acrescentar: *e somente* o que ele produz. Alguém poderia objetar que o *Moi* pode ser transformado por eventos exteriores (catástrofes, luto, decepções, mudança de ambiente social etc.). Mas é apenas enquanto constituem para ele a ocasião de estados ou de ações. Tudo se passa como se o Ego estivesse protegido por sua espontaneidade fantasmal de todo contato direto com o exterior, como se ele pudesse comunicar-se com o Mundo apenas por intermédio dos estados e das ações. Vejamos a razão desse isolamento: é simplesmente devido ao fato de que o Ego é um objeto que aparece apenas à reflexão e que, por isso, é radicalmente separado do Mundo. Ele não vive no mesmo plano.

Assim como o Ego é uma síntese irracional de atividade e de passividade, é também síntese de interioridade e de transcendência. Em certo sentido, ele é mais "interior" à consciência do que os estados. É exatamente a interioridade da consciência refletida, contemplada pela consciência reflexiva. Mas é fácil compreender que a reflexão, *contemplando* a interioridade, faz dela um objeto colocado à sua frente. O que entendemos, com efeito, por interioridade? Simplesmente que, para a consciência, ser e conhecer-se são uma só e mesma coisa. Isso pode ser expresso de diferentes maneiras: eu posso dizer, por exemplo, que, para a consciência, a aparência é o absoluto na medida em que é aparência ou ainda que a consciência é um ser cuja essência implica a existência[63]. Essas diferentes formas nos permitem concluir que se *vive* a interioridade (que se *"existe internamente"*), mas que não se a contempla, já que ela mesma estaria para além da contemplação, por sua condição. De nada serviria objetar que a reflexão põe a consciência refletida e, desse modo, sua interioridade. O caso é especial: a reflexão e o refletido são apenas um, como bem de-

---

63. Cf. "Introdução em Busca do Ser", p. 15-40, de *O Ser e o Nada*.

monstrou Husserl[64]. E a interioridade de uma se funde com a do outro. Mas colocar diante de si a interioridade é forçosamente dar-lhe o peso de um objeto. É como se ela se fechasse sobre si mesma e não nos mostrasse mais do que seu exterior; como se precisássemos "fazer um *tour*" para compreendê-la. É exatamente assim que o Ego se dá à reflexão: como uma interioridade fechada sobre si mesma. Ele é interior *para si*, não *para* a consciência. Naturalmente, trata-se novamente de um complexo contraditório: com efeito, uma interioridade absoluta jamais possui exterioridade. Ela pode ser concebida somente por si mesma e é por isso que não podemos apreender as consciências dos outros (apenas por isso e não porque os corpos nos separam). Na realidade essa interioridade degradada e irracional pode ser analisada em duas estruturas muito particulares: a *intimidade* e a *indistinção*. Em relação à consciência o Ego se dá como íntimo. É como se o Ego fosse *da* consciência, com a única e essencial diferença que ele é opaco à consciência. E essa opacidade é apreendida como *indistinção*. A indistinção, que é usada frequentemente de formas diferentes na filosofia, é a interioridade vista de fora ou, se preferirmos, a projeção degradada da interioridade. É essa indistinção que encontraríamos, por exemplo, na famosa "multiplicidade de interpenetração", de Bergson. É ainda essa indistinção, anterior às especificações da natureza naturada, que se encontra no Deus de inúmeros místicos. Pode-se compreendê-la ora como uma indiferenciação primitiva de todas as qualidades, ora como uma forma pura do ser, anterior a toda qualificação. Essas duas formas de indistinção pertencem ao Ego, de acordo com o modo como o considerarmos. Na espera, por exemplo – (ou quando Marcel Arland explica que é necessário um evento extraordinário para revelar o *Moi* verdadeiro[65]) – o Ego se dá como uma potência nua que se

---

64. Na unidade de uma *cogitatio* concreta, conforme as *Ideen I*, § 38 (Trad. Ricoeur, p. 123).

Mas Husserl assimila a tese de minha vivência pessoal à tese de meu eu puro, como igualmente necessárias e indubitáveis, para opô-las juntamente à tese contingente do mundo. Equivale a dizer que não coloca o Ego no domínio do transcendente psíquico.

65. Em um artigo da N.R.F., talvez *Sur un nouveau Mal du Siècle (Sobre um novo Mal do século)*, publicado em 1924, reproduzido nos *Essais critiques (Ensaios críticos)*, Gallimard, 1931, p. 14; é um tema familiar a Marcel Arland, veja na mesma coletânea seu ensaio sobre Oscar Wilde, p. 118.

fixará e se precisará no contato com os eventos[g][66]. Ao contrário, após a ação, parece que o Ego reabsorve o ato realizado em uma multiplicidade de interpenetração. Em ambos os casos, trata-se de totalidade concreta, mas a síntese totalitária é operada com intenções diferentes. Pode ser que se pudesse chegar a dizer que o Ego, em relação ao passado, é multiplicidade de interpenetração e, em relação ao futuro, potência nua. Mas é preciso desconfiar aqui de uma esquematização excessiva.

O *Moi* permanece desconhecido para nós. Isso pode ser compreendido facilmente: ele se dá como um objeto. Portanto, o único método para conhecê-lo é a observação, a aproximação, a espera, a experiência. Mas esses procedimentos, que convêm perfeitamente a todo transcendente *não íntimo*, não convêm aqui. Pelo fato da intimidade própria do *Moi*. Ele está por demais presente para que se possa tomar sobre ele um ponto de vista verdadeiramente exterior. Se nos retiramos para tomar distância, ele nos acompanha nesse recuo. Ele é infinitamente próximo e não posso rodeá-lo. Sou preguiçoso ou trabalhador? Posso sabê-lo, sem dúvida, dirigindo-me àqueles que me conhecem e perguntando-lhes sua opinião. Ou, então, posso reunir os fatos que me dizem respeito e tentar interpretá-los *tão objetivamente quanto se se tratasse de outra pessoa*. Mas seria inútil dirigir-me ao *Moi* diretamente e tentar aproveitar de sua intimidade para conhecê-lo. Porque é ela, ao contrário, que nos barra o caminho. Assim, "conhecer-se bem" é fatalmente tomar sobre si o ponto de vista de outrem, quer dizer, um ponto de vista necessariamente falso[67]. E todos aqueles que tentaram se conhecer concordarão que essa iniciativa de introspecção se revela desde a origem como um esforço para reconstituir com peças soltas, com fragmentos isolados, algo que é dado originalmente *todo inteiro*, de uma vez. Desse modo, a

---

g. Como no caso em que o apaixonado[66] querendo significar que não sabe até onde sua paixão o arrastará, diz: "Tenho medo de *mim*".

66. Cf. a análise do apaixonado feita por Simone de Beauvoir em *Pour une morale de l'ambiguïté (Por uma moral da ambiguidade)*, p 90ss.; e *O Ser e o Nada*, I, 2: "As condutas de má-fé", p. 101.

67. Porque "é como objeto que apareço ao Outro", é isso que mostra *O Ser e o Nada* (p. 290).

intuição do Ego é uma miragem perpetuamente decepcionante, pois, a um só tempo, entrega tudo e não entrega nada. E, ademais, como poderia ser diferente, uma vez que o Ego não é a totalidade real das consciências (essa totalidade seria contraditória como todo o infinito em ato), mas a unidade *ideal* de todos os estados e de todas as ações. Sendo ideal, naturalmente, essa unidade pode abraçar uma infinidade de estados. Mas se percebe bem que o que se entrega à intuição concreta e plena é apenas essa unidade *na medida em que* se incorpora ao estado presente. A partir desse núcleo concreto uma quantidade mais ou menos grande de intenções vazias (por direito uma infinidade) se dirigem rumo ao passado e rumo ao futuro e visam os estados e as ações que não estão presentemente dadas. Aqueles que possuem algum conhecimento da Fenomenologia compreenderão sem dificuldade que o Ego é ao mesmo tempo uma unidade ideal de estados cuja maioria estão ausentes e uma totalidade concreta dando-se inteiramente à intuição: isso significa simplesmente que o Ego é uma unidade noemática e não noética. Uma árvore ou uma cadeira não existem de outra forma. Naturalmente as intenções vazias podem sempre ser preenchidas e qualquer estado, qualquer ação pode sempre reaparecer à consciência como sendo ou tendo sido produzida pelo Ego.

Enfim, o que impede radicalmente de adquirir reais conhecimentos sobre o Ego é a maneira toda especial como ele se dá à consciência reflexiva. Com efeito, o Ego sempre aparece apenas quando não olhamos para ele. É preciso que o olhar reflexivo se fixe sobre a *"Erlebnis"*, na medida em que ela emana do estado. Então, por trás do estado, no horizonte, o Ego aparece. Portanto, ele nunca é visto senão "de canto de olho". Assim que volto meu olhar para ele querendo alcançá-lo sem passar pela *"Erlebnis"* e o estado, ele se esvai. Pois, com efeito, ao procurar apreender o Ego por si mesmo e como objeto direto de minha consciência, eu caio novamente no plano irrefletido e o Ego desaparece com o ato reflexivo. Daí essa impressão inquietante de incerteza que muitos filósofos se expressam colocando o Eu aquém do estado de consciência e afirmando que a consciência deve voltar sobre si mesma para perceber o Eu que está atrás dela. Não é isso: é que, *por natureza*, o Ego é fugidio.

É certo, contudo, que o Eu aparece sobre o plano irrefletido. Se me perguntam "O que você está fazendo?" eu respondo preocupadamente: "Estou tentando pendurar este quadro" ou "Estou consertando o pneu traseiro", essas frases não nos transportam para o plano da reflexão, eu as pronuncio sem interromper o trabalho, sem cessar de visar unicamente às ações, enquanto são feitas ou devem ser feitas. Mas esse "Eu" de que se trata aqui não é, contudo, uma simples forma sintáxica. Ele possui um significado; é simplesmente um conceito vazio e destinado a permanecer vazio. Da mesma forma que posso pensar em uma cadeira na ausência de qualquer cadeira e por um simples conceito, assim eu posso pensar o Eu na ausência do Eu. É o que evidencia a consideração de frases tais como: "O que você vai fazer hoje à tarde?", "Vou ao escritório", ou "Encontro meu amigo Pedro", ou "Preciso escrever-lhe" etc. etc. Mas o Eu, caindo do plano refletido ao plano irrefletido, não simplesmente se esvazia. Ele se degrada: perde sua *intimidade*. O conceito não poderia jamais ser preenchido pelos dados da intuição porque ele visa agora algo que não são eles. O Eu que encontramos aqui é de algum modo o suporte das ações que (eu) faço ou devo fazer no mundo enquanto elas são qualidades do mundo e não unidade de consciências. Por exemplo: a lenha *deve* ser partida em pequenos pedaços para que o fogo acenda. Ela *deve*: é uma qualidade da lenha e uma relação objetiva da lenha com o fogo que *deve* ser acendido. Nesse momento, *eu* parto a lenha, ou seja, a ação se realiza no mundo e o apoio objetivo e vazio dessa ação é o *Eu-conceito*. Eis por que o corpo e as imagens do corpo podem consumar a degradação total do Eu concreto da reflexão ao Eu-conceito servindo a este último como cumprimento ilusório[68]. Eu digo "Eu" parto lenha, e vejo e sinto o objeto "corpo" envolvido no ato de partir a lenha. O corpo serve, nesse caso, de símbolo visível e tangível para o Eu. Vê-se, portanto, a série de refrações e degradações da qual uma "egologia" deveria ocupar-se.

---

68. Cf. *O Ser e o Nada*, Parte 3, cap. 2: "O corpo", p. 385-441. "A profundidade de ser de meu corpo para mim é o perpétuo 'fora' de meu 'dentro' mais íntimo", p. 442.

Plano refletido	Consciência refletida – imanência – interioridade.
	Ego intuitivo – transcendência – intimidade.
	(Domínio do psíquico.)
Plano irrefletido	Eu-conceito (facultativo) – vazio transcendente – sem "intimidade".
	Corpo como cumprimento ilusório do Eu-conceito.
	(Domínio do psicofísico.)

E) O Eu e a consciência no *Cogito*

Alguém poderia se perguntar por que o Eu aparece por ocasião do Cogito, uma vez que o Cogito, corretamente operado, é apreensão de uma consciência pura, sem constituição de estado nem de ação. A bem dizer, ou Eu não é necessário aqui, já que não é jamais unidade direta das consciências. Pode-se inclusive supor uma consciência operando um ato reflexivo puro que a entregasse a si mesma como espontaneidade não pessoal. Apenas é preciso considerar que a redução fenomenológica nunca é perfeita. Aqui intervém uma imensidão de motivações psicológicas. Quando Descartes efetua o Cogito, ele o efetua em relação com a dúvida metódica, com a ambição de "fazer progredir a ciência" etc., que são *ações* e *estados*. Assim o método cartesiano, a dúvida etc. se dão por natureza como empreendimentos de um *Eu*. É absolutamente natural que o *Cogito*, que aparece ao termo desses empreendimentos e *que se dá como logicamente ligado à dúvida metódica*, veja aparecer um *Eu* em seu horizonte. Esse *Eu* é uma forma de ligação ideal, uma maneira de afirmar que o Cogito está tão bem apreendido quanto a dúvida. Em uma palavra, o cogito é impuro, é uma consciência espontânea, sem dúvida, mas que permanece ligada sinteticamente a consciências de estados e de ações. A prova é que o Cogito se dá ao mesmo tempo como resultado lógico da dúvida e como aquilo que lhe põe fim[69]. Uma apreensão reflexiva da consciência espontânea como espontaneidade não pessoal como exigiria ser realizada. Isso é sempre possível em direito, mas permanece muito improvável ou, no mínimo, algo extremamente raro em nossa condição humana. De todo modo, como dissemos anteriormente, o Eu que aparece no horizonte do "Eu penso" não se dá como produtor da espontaneidade consciente. A consciência se produz diante dele e vai em direção a ele, vai unir-se a ele. É tudo que se pode dizer.

---

69. Sobre o empreendimento de Descartes, reportar-se ao artigo de *Situations I* (Gallimard, 1947) intitulado "A liberdade cartesiana" (p. 314-335).

CONCLUSÃO

Como conclusão, gostaríamos de apresentar simplesmente as três observações seguintes:

1ª) A concepção do Ego que propomos nos parece realizar a liberação do Campo transcendental ao mesmo tempo que sua purificação.

O Campo transcendental, purificado de toda estrutura egológica, recobra sua limpidez primeira. Em um sentido é um *nada*, uma vez que todos os objetos físicos, psicofísicos e psíquicos, todas as verdades, todos os valores estão fora dele, já que meu *Moi* cessou, ele mesmo, de fazer parte dele. Mas esse nada é *tudo*, pois é consciência de todos esses objetos. Não há mais "vida interior", no sentido em que Brunschvicg[70] opõe "vida interior" e "vida espiritual", porque não há nada mais que seja *objeto* e que possa ao mesmo tempo pertencer à intimidade da consciência. As dúvidas, os remorsos, as denominadas "crises de consciência" etc., em suma, toda a matéria dos diários íntimos, tornam-se simples *representações*. E talvez se pudesse tirar daí alguns sãos preceitos de discrição moral. Mas, além disso, é preciso notar que, desse ponto de vista, meus sentimentos e meus estados, meu *Moi* inclusive, deixam de ser minha propriedade exclusiva. Precisemos: até que se fazia uma distinção radical entre a objetividade de uma coisa espaçotemporal ou de uma verdade eterna, e a subjetividade dos "estados" psíquicos. Parecia que o sujeito tivesse uma posição privilegiada em relação a seus próprios estados. Quando dois homens, de acordo com essa concepção, falam de uma mesma cadeira, eles estão falando certamente de uma *mesma* coisa;

---

70. BRUNSCHVICG, L. *Vie intérieure et Vie spirituelle*. Conferência no Congresso Internacional de Filosofia de Nápoles (maio de 1924), reproduzida na *Revue de Métaphysique et de Morale*, abril-junho de 1925, e também reunida nos *Écrits philosophiques*, t. II, PUF, 1954.

essa cadeira que alguém pega e levanta é que outra pessoa vê; não se trata apenas de correspondência de imagens, mas de um só objeto. Mas parecia que, quando Paulo tentava compreender um estado psíquico de Pedro, ele não podia *atingir* esse estado, cuja apreensão intuitiva pertencia apenas a Pedro. Ele podia apenas considerar um equivalente, criar conceitos vazios que tentassem inutilmente atingir uma realidade subtraída por essência à intuição. A compreensão psicológica se fazia por analogia. A fenomenologia veio nos ensinar que os *estados* são objetos[71], que um sentimento enquanto tal (um amor ou um ódio) é um objeto transcendente e não poderia contrair-se na unidade de interioridade de uma "consciência". Consequentemente, se Pedro e Paulo falam ambos do amor de Pedro, por exemplo, não é mais verdade que um fala cega e analogicamente de algo que o outro apreende plenamente. Eles falam da mesma coisa; eles a apreendem sem dúvida por procedimentos diferentes, mas ambos são igualmente intuitivos. E o sentimento de Pedro não é mais *certo* para Pedro do que para Paulo. Ele pertence, tanto para um quanto para outro, à categoria de objetos que podem ser colocados em dúvida. Mas toda essa concepção profunda e nova permanece comprometida se o *Moi* de Pedro, esse *Moi* que odeia ou que ama, permanece uma estrutura essencial da consciência. O sentimento, com efeito, permanece apegado a ele. Esse sentimento "gruda" no *Moi*. Se atrairmos o *Moi* para a consciência, atrairemos o sentimento com ele. A nós pareceu, ao contrário, que o *Moi* era um objeto transcendente como o *estado* e que, por isso, ele era acessível a duas espécies de intuição: uma apreensão intuitiva pela consciência *da qual é o Moi*, uma apreensão intuitiva menos clara, mas não menos intuitiva, para outras consciências. Em uma palavra, o *Moi* de Pedro é acessível à minha intuição assim como à de Pedro, e nos dois casos é objeto de uma evidência inadequada. Se é assim, não há mais nada de "impenetrável" em Pedro a não ser sua própria

---

71. Toda *Erlebnis* é acessível à reflexão: essa afirmação explica a renovação da psicologia devido ao método descritivo fenomenológico. Ela fundamenta, com efeito, as análises reflexivas do irrefletido que são as da emoção, ou do imaginário, ou ainda as do *Ser e o Nada*. Essas últimas, com efeito, são nada menos que a atualização das conclusões do *Ensaio sobre a transcendência do Ego*. O mesmo valeria para o estudo não publicado sobre *A Psique*.

consciência. Mas sua consciência é impenetrável. Queremos dizer que ela não é apenas refratária à intuição, mas ao pensamento. Não posso *conceber* a consciência de Pedro sem torná-la um objeto (pois não a concebo como sendo *minha consciência*). Não posso concebê-la porque seria necessário pensá-la como interioridade pura e transcendência *ao mesmo tempo*, o que é impossível. Uma consciência não pode conceder outra consciência além de si mesma. Assim podemos distinguir, graças à nossa concepção do *Moi*, uma esfera acessível à psicologia, na qual o método de observação externa e o método introspectivo têm os mesmos direitos e podem se prestar uma ajuda mútua – e uma esfera transcendental pura acessível apenas à fenomenologia.

Essa esfera transcendental a uma esfera de existência *absoluta*, quer dizer, de espontaneidades puras, que não são jamais objetos e que determinam sua própria existência. Sendo o *Moi* um objeto, é evidente que eu jamais poderia dizer: *minha* consciência, ou seja, a consciência de meu *Moi* (exceto em um sentido puramente designativo como se diz, por exemplo: o dia do *meu* batismo). O Ego não é proprietário da consciência, mas seu objeto. Certamente, nós constituímos espontaneamente nossos estados e nossas ações como produções do Ego. Mas nossos estados e nossas ações também são objetos. Jamais temos intuição direta da espontaneidade de uma consciência instantânea como produzida pelo Ego. Isso seria impossível. É apenas no plano das significações e das hipóteses psicológicas que podemos conceber uma produção semelhante – e esse erro só é possível porque nesse plano o Ego e a consciência estão *no vazio*. Nesse sentido, se compreendermos o *"Eu penso"* de maneira a fazer do pensamento uma produção do Eu, já teremos constituído o pensamento como passividade e como *estado*, quer dizer, como objeto; teremos deixado o plano da reflexão pura, na qual o Ego sem dúvida aparece, mas *no horizonte* da espontaneidade. A atitude reflexiva é expressa corretamente por essa famosa frase de Rimbaud (na carta do vidente): "Eu é *um outro*". O contexto demonstra que ele quis simplesmente dizer que a espontaneidade das consciências não poderia emanar do Eu, mas que *vai rumo a*o Eu, ela o alcança, deixa que se o entreveja sob sua espessura límpida, mas ela se dá, antes de tudo, como espontaneidade *individual* e *impessoal*. A tese comumente aceita, segundo a qual nossos pensamentos brotariam de um inconsciente impessoal e se "personalizariam" ao tornar-se conscientes, parece-nos uma interpretação grosseira e materialista de uma intuição justa. Ela tem sido sustentada por psicólogos[72] que compreenderam muito bem que a consciência não "saía" do Eu, mas que não eram capazes de aceitar a ideia de uma espontaneidade que se produzisse a si mesma. Esses psicólogos, portanto, imaginaram ingenuamente que as consciências espontâneas "saíam" do inconsciente onde já existiam, sem perceber que tinham apenas feito retroceder o problema da existência, que afinal precisa ser formulado, e que o haviam obscurecido, pois a existência anterior das espontaneidades nos limites pré-conscientes seria necessariamente uma existência *passiva*.

Podemos, portanto, formular nossa tese: a consciência transcendental é uma espontaneidade impessoal. Ela se determina à existência a cada instante, sem que possamos conceber nada *antes dela*. Assim, cada instante de nossa vida consciente nos revela uma criação *ex nihilo*. Não um novo *arranjo*, mas uma nova existência. Existe algo angustiante para cada um de nós ao apreendermos assim no ato essa criação incansável de existência da qual *nós* não somos os criadores. Nesse plano o homem tem a impressão de escapar constantemente de si, de se transbordar, de surpreender-se por uma riqueza sempre inesperada, e é ao inconsciente que ele incumbe de dar conta dessa superação do *Moi* pela consciência. De fato, o *Moi* nada pode sobre essa espontaneidade, pois *a vontade é um objeto que se constitui por e para essa espontaneidade*. A vontade se dirige sobre os estados, sobre os sentimentos ou sobre as coisas, mas ela jamais se volta sobre a consciência. Podemos perceber isso bastante bem naqueles poucos casos em que se tenta *querer* uma consciência (eu *quero* adormecer, eu não *quero* mais pensar em tal coisa etc.). Nesses diferentes casos é necessário, *por essência*, que a vontade seja mantida e conservada *pela consciência radicalmente oposta* àquela que ela queria fazer nascer (se eu *quero* adormecer, eu permaneço desperto – se não

---

72. Sartre alude aqui aos freudianos.

quero pensar nesse ou naquele evento, penso nele *precisamente por isso*). Parece-nos que essa espontaneidade monstruosa está na origem de inúmeras psicastenias. A consciência se assusta com sua própria espontaneidade porque a sente *para além* da liberdade[73]. É o que se pode ver claramente em um exemplo de Janet[74]. Uma jovem esposa tinha um medo terrível, quando seu marido a deixava só, de colocar-se à janela e interpelar os passantes como uma prostituta. Nada em sua educação, em seu passado, nem em seu caráter serve para explicar semelhante temor. Parece-nos simplesmente que uma circunstância sem importância (leitura, con-

---

73. Parece que na época em que Sartre estava escrevendo o *Ensaio sobre o Ego* (1934) ele ainda não dava ao conceito de liberdade a extensão que ela terá em *O Ser e o Nada*. Senão, como compreender uma frase como: "A consciência se assusta com sua própria espontaneidade porque ela a sente além da liberdade"? A liberdade, aqui, se compreende por analogia com a responsabilidade e a vontade, às quais foi feita alusão, quer dizer, ela se restringe à esfera transcendente da ética. Consequentemente, Sartre pode ver aí, conforme sua expressão neste *ensaio*, um "caso especial" interior do campo transcendental que as espontaneidades imediatas constituem. A liberdade é para a espontaneidade aquilo que o Ego e o psíquico em geral são para a consciência transcendental impessoal.
No *Ser e o Nada*, liberdade e espontaneidade encontram-se unidas. A liberdade tornou-se coextensiva a toda a consciência. Obviamente, a liberdade é *também* um conceito ético – é inclusive o conceito fundador da ética – enquanto que meu ato é expressão dele. Mas o ato livre se fundamenta sobre uma liberdade mais selvagem, que não é outra senão a estrutura mesma da consciência em sua pura translucididade. Mais que um conceito, a liberdade é "a matéria de meu ser", ela me perpassa de ponta a ponta.
Cf. *O Ser e o Nada*, parte 4, cap. 1: "Ser e Fazer: a liberdade", p. 536-681.
74. Esse exemplo é extraído da obra de P. Janet intitulada *Les Névroses (As neuroses).*
O que Sartre está dizendo, e o que é dito do inconsciente em geral no *Ensaio sobre o Ego*, permite medir a distância que o separa atualmente de suas posições de 1934, no que diz respeito à psicanálise. É preciso destacar a importância dessa mudança. A evolução já é nítida quando Sartre publica seu estudo sobre *Baudelaire* (1947); agora ele reconsiderou totalmente os problemas colocados por neuroses e psicoses, e não os explicaria certamente de maneira tão simplista quanto em 1934. Ele considera particularmente infantil sua antiga interpretação da atitude neurótica da "Jovem casada" tratada por Janet. Ele não viria mais que "nada em sua educação, em seu passado nem em seu caráter pode servir de explicação", ele abandonaria aqui a noção de explicação pela de *compreensão dialética* que deve necessariamente operar-se a partir desse passado, dessa educação, desse caráter.
Simone de Beauvoir em *A força da idade* dá as razões que outrora tinha Sartre para rejeitar a psicanálise; conferir às páginas 25-26 e 133.

versação etc.) havia determinado nela o que se poderia denominar como vertigem da possibilidade. Ela se achava monstruosamente livre, e essa liberdade vertiginosa se lhe aparecia *na ocasião* desse ato, que ela temia fazer. Mas essa vertigem não é compreensível, exceto no caso de a consciência aparecer de repente a si mesma como transbordando infinitamente em suas possibilidades o Eu que lhe serve ordinariamente de unidade.

Talvez, com efeito, a função essencial do Ego não seja tanto teórica quanto prática. Nós observamos, de fato, que ele não amarra consigo a unidade dos fenômenos, que ele se limita a refletir uma unidade *ideal*, ao passo que a unidade concreta e real tem sido operada há muito tempo. Mas talvez seu papel essencial seja mascarar à consciência sua própria espontaneidade[75]. Uma descrição fenomenológica da espontaneidade mostraria, com efeito, que esta torna impossível qualquer distinção entre ação e paixão e qualquer concepção de uma autonomia da vontade. Essas noções possuem significação somente em um plano em que toda atividade se dê como emanando de uma passividade que ela transcende, ou seja, em um plano em que o homem se considere ao mesmo tempo como sujeito e objeto. Mas é uma necessidade essencial que se possa distinguir entre espontaneidade voluntária e involuntária.

Tudo se passa, portanto, como se a consciência constituísse o Ego como uma falsa representação dela mesma, como se ela se hipnotizasse sobre esse Ego que ela constituiu, absorvesse a si mesma nele como se tivesse feito dele seu guardião e sua lei: é graças ao Ego, de fato, que uma distinção poderá efetuar-se entre o possível e o real, entre a aparência e o ser, entre o querido e o sofrido.

Mas pode acontecer que a consciência se produza a si mesma de repente sobre o plano reflexivo puro. Não, talvez, sem Ego, mas como que escapando do Ego por toda parte, como que dominando-o e sustentando-o fora dela por meio de uma criação contínua. Nesse plano não há mais distinção entre o possível e o real, pois a aparência é o absoluto. Não há mais barreiras, nem limites, nem

---

75. Daí a possibilidade ontológica das condutas de má-fé.

nada que dissimule a consciência para si mesma. Então a consciência, apercebendo-se daquilo que se poderia denominar a fatalidade de sua espontaneidade[76], encontra-se repentinamente em angústia: é essa angústia absoluta e sem remédio, esse temor de si, que nos parece constitutivo da consciência pura e é ela que dá a chave do distúrbio psicastênico de que falávamos. Se o Eu do "Eu Penso" é a estrutura primeira da consciência, essa angústia é impossível. Mas se, ao contrário, adotarmos o ponto de vista aqui exposto, não apenas teremos uma explicação coerente desse distúrbio, mas também um motivo permanente para efetuar a redução fenomenológica. Sabemos que Fink, em seu artigo nos *Kantstudien*, reconhece com alguma melancolia que, enquanto se permanece na atitude "natural", *não há razão*, nem "motivo" para praticar a ἐποχή. Com efeito, essa atitude natural é perfeitamente coerente e não se poderia encontrar nela aquelas contradições que, segundo Platão, levam o filósofo a efetuar uma conversão filosófica. Assim a ἐποχή aparece na fenomenologia de Husserl como um milagre. O próprio Husserl, nas *Meditações cartesianas*, faz uma alusão muito vaga a alguns motivos psicológicos que levariam a efetuar a redução. Mas esses motivos não parecem de modo algum suficientes, e sobretudo a redução não parece possível de ser efetuada senão ao termo de um longo estudo; ela aparece, portanto, como uma operação *erudita*, o que lhe confere uma espécie de gratuidade. Ao contrário, se a "atitude natural" aparece inteiramente como um esforço que a consciência faz para escapar-se a si mesma projetando-se no *Moi* e absorvendo-se nele, e se esse esforço jamais é completamente recompensado, se basta um ato de simples reflexão para que a espontaneidade consciente se aparte bruscamente do Eu e se dê como independente, a ἐποχή não é mais um milagre, não é mais um método intelectual, um procedimento erudito: é uma angústia que se impõe a nós e que não podemos evitar; é ao mesmo tempo um evento puro de origem transcendental e um acidente sempre possível de nossa vida cotidiana.

---

76. Cf. *O Ser e o Nada*, parte 4, cap. 1, item 3: "Liberdade e responsabilidade", p. 677ss. "O homem, estando condenado a ser livre, carrega nos ombros o peso do mundo inteiro: é responsável pelo mundo e por si mesmo enquanto modo de ser".

2ª) Essa concepção do Ego nos parece a única refutação possível do solipsismo[77]. A refutação que Husserl apresenta em *Formale und Transzendentale Logik* e nas *Meditações cartesianas* não nos parece capaz de convencer um solipsista determinado e inteligente. Enquanto o Eu permanece uma estrutura da consciência, será sempre possível opor a consciência com seu Eu a todos os outros existentes. E, finalmente, quem produz o mundo é o *Moi*. Pouco importa se algumas categorias desse mundo necessitam por sua natureza própria de uma relação com outrem. Essa relação pode ser uma simples qualidade do mundo que eu crio e não me obriga absolutamente a aceitar a existência real de outros Eu.

Mas se o Eu torna-se um transcendente, ele participa de todas as vicissitudes do mundo. Ele não é um absoluto, ele não criou o universo, ele cai como as outras existências sobre o golpe da ἐποχή; e o solipsismo se torna impensável a partir do momento em que o Eu não tem mais uma posição privilegiada. Em vez de se formular, com efeito, em termos de "Eu existo só como absoluto",

---

77. Cf. *O Ser e o Nada*, parte 3, cap. 1, item II : "O obstáculo do solipsismo" (p. 291) e, particularmente, o item III: "Husserl, Hegel, Heidegger" (p. 302), no qual Sartre desenvolve e critica as tentativas de refutação do solipsismo expostas por Husserl em *Lógica formal e lógica transcendental* e nas *Meditações cartesianas*. Sartre reconhece que a solução proposta pelo *Ensaio sobre a transcendência do Ego* é insuficiente: "Anteriormente, supus poder escapar ao solipsismo recusando o conceito de Husserl sobre a existência do "Ego" transcendental. Parecia-me então que nada mais restava na minha consciência que fosse privilegiado com relação ao outro, já que a tinha esvaziado de seu sujeito. Mas, na verdade, embora continue convicto de que a hipótese de um sujeito transcendental é inútil e prejudicial, o fato de abandonarmos tal hipótese não faz avançar um só passo a questão da existência do outro. Mesmo se, à parte do Ego empírico, *nada mais* houvesse além da consciência *deste* Ego – ou seja, um campo transcendental sem sujeito –, não mudaria o fato de que minha afirmação do outro postula e requer a existência de um similar campo transcendental. Para além do mundo; e, por conseguinte, a única maneira de escapar ao solipsismo seria, ainda aqui, provar que minha consciência transcendental, em seu próprio ser, é afetada pela existência extramundana de outras consciências do mesmo tipo. Assim, por ter reduzido o ser a uma série de significações, o único nexo que Husserl pode estabelecer entre meu ser e o ser do Outro é o do *conhecimento*; portanto, não escapou, mais do que Kant, ao solipsismo" (p. 306).

Para colocar o solipsismo definitivamente de lado é preciso recorrer à intuição de Hegel que consiste em "fazer-me depender do outro em meu ser", e radicalizá-la. Sartre dá suas conclusões nas p. 316ss.

deveria enunciar-se como " Somente a consciência absoluta existe como absoluto", o que é evidentemente um truísmo. Meu *Eu*, com efeito *não é mais certo para a consciência do que o Eu dos outros homens*. Ele é apenas mais íntimo.

3ª) Os teóricos de extrema-esquerda acusaram algumas vezes a fenomenologia de ser um idealismo e de afogar a realidade na maré das ideias. Mas se o idealismo é a filosofia sem mal de M. Brunschvicg, se é uma filosofia em que o esforço de assimilação espiritual[78] não se depara jamais com resistências exteriores, em que o sofrimento, a fome, a guerra se diluem em um lento processo de unificação das ideias, então nada é mais injusto do que chamar os fenomenólogos de idealistas. Pelo contrário, há séculos que não se sentia na filosofia uma corrente tão realista. Eles recolocaram o homem no mundo, devolveram o devido peso a suas angústias e seus sofrimentos, e também a suas revoltas. Infelizmente, enquanto o Eu continuar sendo uma estrutura da consciência absoluta, poder-se-á censurar a fenomenologia por ser uma "doutrina-escapista", por puxar uma parcela do homem para fora do mundo e desviar desse modo a atenção dos verdadeiros problemas. Parece-nos que essa crítica não tem mais razão de ser ao fazermos do *Moi* um existente rigorosamente contemporâneo do mundo e cuja existência tem as mesmas características essenciais que o mundo. Sempre me pareceu que uma hipótese de trabalho tão fecunda como o materialismo histórico não requeria absolutamente como fundamento essa absurdidade que é o materialismo metafísico[79]. Não é, de fato, necessário que o *objeto* preceda o *sujeito* para que os pseudovalores espirituais se desvaneçam e para que a moral reencontre suas bases na realidade. Basta que o *Moi* seja contemporâneo do Mundo e que a dualidade sujeito-objeto, que é puramente lógica, desapareça definitivamente das preocupações filosóficas. O Mundo não criou o *Moi*, o *Moi*

---

78. É a "filosofia alimentar" denunciada no artigo sobre a intencionalidade de *Situations I*.

79. Sartre faz a crítica desse materialismo absurdo em "Materialismo e revolução" (*Situations III*, p. 135-228).

não criou o Mundo; são dois objetos para a consciência absoluta, impessoal, e é por ela que eles se acham ligados. Essa consciência absoluta, quando purificada do Eu, nada mais tem de um *sujeito*, nem é mais uma coleção de representações: é simplesmente uma condição primeira e uma fonte absoluta de existência. E a relação de interdependência que ela estabelece entre o *Moi* e o Mundo basta para que o *Moi* apareça como "em perigo" diante do Mundo, para que o *Moi* (indiretamente e pela intermediação dos estados), drene do Mundo todo o seu conteúdo. Não é preciso nada mais para fundar filosoficamente uma moral e uma política absolutamente positivas[80].

---

80. Inúmeros artigos das *Situations* I a VI, as *Entretiens sur la politique*, e sobretudo a *Critique de la Raison dialetique* são testemunhos da continuidade das preocupações éticas e políticas em Sartre aqui fundamentadas fenomenologicamente.

Confira outros títulos da coleção em

livrariavozes.com.br/colecoes/pensamento-humano

ou pelo Qr Code

Conecte-se conosco:

 facebook.com/editoravozes

 @editoravozes

 @editora_vozes

 youtube.com/editoravozes

 +55 24 2233-9033

www.vozes.com.br

Conheça nossas lojas:

www.livrariavozes.com.br

Belo Horizonte – Brasília – Campinas – Cuiabá – Curitiba
Fortaleza – Juiz de Fora – Petrópolis – Recife – São Paulo

  Vozes de Bolso

EDITORA VOZES LTDA.
Rua Frei Luís, 100 – Centro – Cep 25689-900 – Petrópolis, RJ
Tel.: (24) 2233-9000 – E-mail: vendas@vozes.com.br